Photo Chronicle : The Pacif

写真で見る太平洋戦争 I

真珠湾から ガダルカナルへ

保阪正康 監修　近現代史編纂会 編

Hosaka Masayasu

山川出版社

第三部 「挫折」する戦争構想

第四部 「餓島」、そして山本五十六の死

保阪正康　「戦後七〇年」に想う

日本に、戦争をする資格はあったのか

二〇一五年、日本は「戦後七〇年」を迎えました。

僕が思うに、これから一〇年後の二〇二五年はもう、「戦後八〇年」とは誰も呼ばないのかもしれません。今年ですら太平洋戦争の終戦の年に生まれた方が七〇歳になるわけですから、あの戦争を肌身で経験された世代となるとご健在なのが珍しいほどです。恐らく一〇年後、文字通りの戦場体験を語れる存命の方はまずおられません。だから「戦後」が冠せられるのは、今回が最後なのではないかと思うのです。

ただ、「戦後」という語が将来も重ねられていくことは、日本が政治的に戦争を選択しなかった証としての歳月ですから日本人が世界に誇っていいこ

とですし、僕はその時を生きて迎えることはないけれど、個人的には「戦後一〇〇年」までも続いてほしいと願っています。

ところが、ちょうどこの「戦後七〇年」を境に日本は大きく変貌を遂げようとしています。集団的自衛権の行使を可能にする法案整備の問題ですね。国家が自国民の生命と財産を守るため、「現実」的な安全保障を考えることはもちろん当然だと思います。冷戦体制が崩壊して二〇年余、国際社会の秩序の「現実」が大きく変わりつつあることもまた事実です。「集団的自衛権行使の容認」は戦後の日本が一種の国是としてきた歴史を大きく変えることになるわけですが、そのために日本人が論議を尽くし、国民的な合意を得て一歩を踏み出すのなら、それもまたひとつの道ではあります。

軍事思想なき戦争が生む悲劇

昭和史と向き合ってきた僕が心配するのは、大事なことを忘れたまま、そんな「現実」に簡単に振り回されてしまってはいないだろうか、ということとなのです。

　例えば自衛隊員が「戦死」したとき、国家としてどのような慰霊を行い、名誉や補償を与えるのでしょうか。また通常の軍隊には旧日本軍でいう「軍法会議」のような軍事裁判制度があり、一般の裁判所とは別に軍規違反者の処罰などを行います。なかでも敵前逃亡といった行為は死刑に相当する重い処罰が用意されていますが、戦地での自衛隊員の規律をどうコントロールするのか。そもそも日本国憲法では軍事裁判所の設置が禁止されており、こうしたことももっと議論する必要があるはずです。

　それ以上に、気がかりなことが僕にはあります。当の防衛省・自衛隊に限らず、文民統制（シビリアン・コントロール）する側の政治家が、しっかりした軍事学、軍事の思想というものを持ち合わせているかどうか、ということです。

　では翻って、かつての大日本帝国の政治・軍事指導者たちは軍事学を確立し得ていたでしょうか。僕の結論では、ノーと言わざるをえません。プロイセン（ドイツ）やフランスから仕入れた借り物の軍事学に、武士道的な要素として旧鍋島藩の「葉隠」をミックスした、急ごしらえの代物に過ぎませんでした。近代国家としてまだ経験の浅いこの国では、いったん動き出したら止まらなくなる恐れのある軍事システムを、あらゆる意味でコントロールするための思想や技術が未熟だったのです。

　そんな状態で、日本は未曾有の大戦争に突き進んでいきました。結果、何が起こったか。ひとつ例を挙げれば、軍事的な常識をはるかに超える負担と苦痛を、かつての日本軍は末端の兵士らに負わせることになりました。それは本書でも触れられている、あの戦争のひとつの転換点ともいえる「ガダルカナルの戦い」に端的に現れています。大本営は敵の実力を知る努力を怠った挙げ句、過小評価して人員と装備が劣る部隊を次々に送り込んでは失敗し続けました。わずかな食糧しか持たされていなかった兵士らは、補給物資の届かない孤島のジャングルのなかで飢餓に襲われ、ある者は病に冒され、その多くが「名誉の戦死」とはとても呼べないような、餓死・戦病死という悲惨な死を遂げたのです。

戦没者への慰霊をめぐって

こんな戦争の実態を、私たち戦後の日本人はどこまで総括し、教訓化できたのでしょうか。僕は、兵士らに塗炭の苦しみを舐めさせた責任は無謀な作戦を強行した大本営の参謀たちにあると思います。ところが、戦後の日本人はその責任をどう問い、それをくり返さないための仕組みをどう考えてきたのでしょうか。こうしたことを放置したまま、拙速に「集団的自衛権の行使が必要」といわれても、納得がいかないのは僕だけでしょうか。日本はかつても戦争をする資格がない国でしたが、現在でもやはりその資格があるとは思えないのです。

日本人が七〇年を経ても総括できなかったものの象徴が靖国問題です。最近は「靖国神社に参拝して何が悪い」とばかりに威勢のよい政治家の方々も多く見受けられます。もちろん、国のために死んでいった戦没者に日本人が慰霊するのは当たり前だ、という一面の正論には納得すべき部分もあります。

でも、どうか後世の日本人に、忘れてほしくはないのです。戦死した父や子、友人を、東条元首相をはじめとするあの戦争を指導した人たちと同じところで祀られたくないと考えていた遺族や元兵士がいたことを、です。それは、敵弾に倒れた人々よりも、軍事常識をはるかに超えた無謀な作戦で餓死などを強いられた人々がいかに多かったのかを物語っています。「自分も最後はお前たちに続く」と言って多くの若者たちを特攻に送り出しながら、戦後も生きながらえた司令官たちもいたのです。近年は「中国や韓国の靖国参拝批判をはね返せ」といったナショナリズム的側面ばかりが強調されますが、A級戦犯の分祀論には戦没者遺族らの複雑な心情もあったのです。

裏返すなら、戦没者への慰霊をめぐってさえ、これほど長く国民的合意がなされないほどの結果をもたらした戦争だった、というべきかもしれません。

「想像力」こそ児孫の義務

これからの日本がもし戦争に参加することを想定するのなら、あいまいにされてきたこうした問題をもっと真剣に論じる必要があるはずです。また日本人の悪いクセのようなものが出て、似たようなことが再び起こらないとも限りません。そんなことをいうと「保阪さん、昔とは違うんだから」などと笑う方もいらっしゃるでしょうけれど、「絶対に安全」なはずだった原発だってあのようなこと（福島原発事故）になってしまったではありませんか。

語り部が減っていくなかで、太平洋戦争という昭和史の国民的体験を継承するのは、今後は記録された証言などの文字資料や写真、映像になります。本書は写真を元に、あの戦争の姿を後世に伝えるものです。

今の日本人はほとんどが「戦争を知らない世代」です。でも、遺された膨大な証言や写真に接することで、戦争がもたらす悲惨さを汲み取ってほしい。草むらに打ち捨てられたままの兵士の写真を見て、それがもし自分の父親であり、手塩にかけて育てたわが子であり、妻子を残して戦地に送られた自分自身であったらと想像してみてください。私たちが「想像力」を駆使して戦死者の不幸に思いを馳せれば、戦死者の遺族が生涯味わい続けたであろう、悲しみや苦難にも寄り添うことができるはずです。

それこそが、あの戦争で国民三一〇万人（うち軍人二四〇万人）、戦病死（戦後）を加えれば五〇〇万人におよぶともいわれる死者を出した国の、児孫が果たすべき義務ではないでしょうか。

第一部　一大奇襲作戦と南方への進撃

真珠湾攻撃

米太平洋艦隊の壊滅を目論んだ山本五十六長官の奇襲構想

日本軍機の攻撃を受け大爆発を起こした戦艦「アリゾナ」。わずか９分足らずで艦は真っ二つに裂けた。

出撃を前に下田飛行長から命令をくだされる空母「瑞鶴」の搭乗隊員。

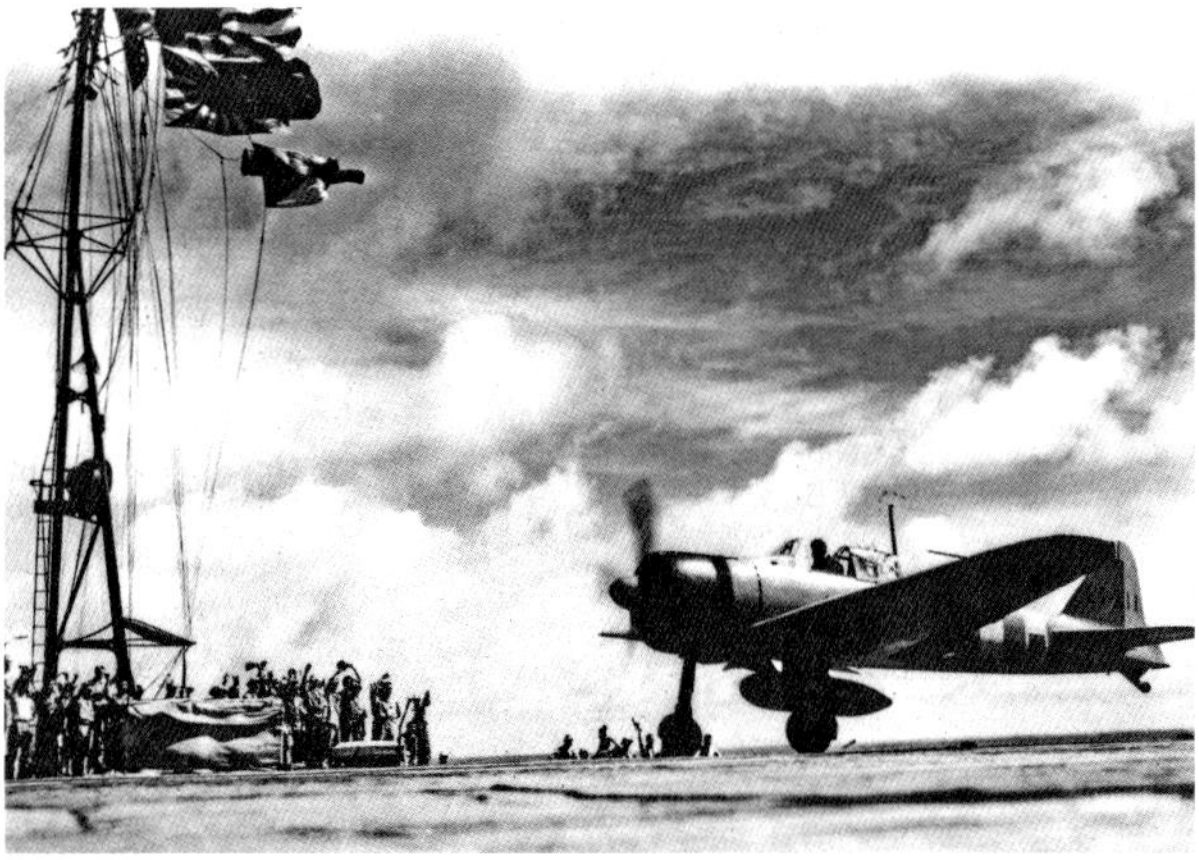

空母「瑞鶴」を真珠湾に向けて発艦する「零戦」。

画期的な航空機による奇襲作戦

日米開戦の端緒となった連合艦隊のハワイ作戦は、その意外性、作戦内容ともに史上空前、まさに世界の海戦史上画期的な「事件」であった。その最大の理由は、米太平洋艦隊の中核を成す大艦巨砲の象徴である戦艦群を、豆粒のような飛行機があっという間に葬り去ってしまったことにある。

それまで誰一人として実行したことがない、空母主体の航空艦隊を編成し、艦上の戦闘機、雷撃機、急降下爆撃機、水平爆撃機の4機種が、一人の現場指揮官の下に連携して敵に襲いかかるという作戦は、海戦の革命であった。その作戦を立案、実行したのが連合艦隊司令長官山本五十六海軍大将だった。

そして昭和16年（1941）、連合

エンジンが回り始め、出撃準備が整った
空母「瑞鶴」艦上の攻撃機。

日米開戦には終始反対の態度をとっていた山本五十六連合艦隊司令長官は、開戦が避けられないならば緒戦の真珠湾攻撃は絶対であるとの信念から、周囲の反対を押し切って無謀と呼ばれる作戦を実行した。

艦隊の再編成が決定したことが真珠湾攻撃の実現を決定的なことにした。航空機による雷撃の成果など、航空戦力の重要性がやっと海軍首脳に認識され、それまで戦術単位に分散していた航空戦力を大規模な戦略単位

炎上する「ウェストバージニア」（手前左）と「テネシー」。

に統合し、本格的な空母主体の艦隊を編制することになったのだ。昭和16年4月10日に編制された第1航空艦隊がそれだった。

さらに最新鋭の空母「翔鶴」「瑞鶴」も完成、第5航空戦隊が編成されて第1航空艦隊に編入された。その昭和16年10月1日現在の陣容は次のようであった。

この世界初の機動艦隊の司令長官には南雲忠一中将が選ばれた。参謀長には第24航空戦隊司令官だった草鹿龍之介少将が就いた。航空参謀は源田実中佐である。1航艦の誕生で各母艦の飛行隊はすべて艦隊司令長官の統一指揮下で、演習から実戦にいたるまで協同行動を取ることになったのである。世界に先例のない、まさに画期的な機動艦隊の誕生だった。

第１次攻撃隊の爆撃、雷撃を受けて黒煙を噴き上げるヒッカム飛行場の上空を飛ぶ
日本軍の97式艦上攻撃機。

次々と攻撃される米戦艦群。

炎上する戦艦「ウェストバージニア」。

日本軍機の攻撃を受ける
真珠湾の米軍施設。

大爆発を起こした「アリゾナ」。同艦は
真珠湾の艦艇群の中でも、もっとも被害が大きかった。

黒煙を上げる「アリゾナ」と「オクラホマ」。

戦艦「ネバダ」と乾ドックで爆発炎上する
駆逐艦「ショー」。

炎上する「ウェストバージニア」への消火作業。後方は「テネシー」。

炎上を続ける戦艦「アリゾナ」への必死の消火作業。

「トラ、トラ、トラ」我奇襲に成功せり

　昭和16年11月5日、日本政府は「帝国国策遂行要領」を決定し、永野修身軍令部総長は山本連合艦隊司令長官に対し作戦命令＝出撃命令を下した。訓練に励んでいた各飛行隊は急遽、母艦へ収容され、各艦は秘密集結地の択捉島《えとろふとう》の単冠湾《ひとかっぷわん》に向かって密かに碇を揚げた。

　開戦日の12月8日（日本時間）は、ハワイ時間では7日の日曜日であった。訓練を終えた米艦隊が真珠湾に戻ってくる確率も非常に高い。

　この日、現地時間の午前6時15分、ハワイ・オアフ島の北方約４３０キロの海上にあった6隻の空母、「赤城」「加賀」「蒼龍」「飛龍」「翔鶴」「瑞鶴」から総飛行隊長・淵田美津雄中佐に率いられた１８３機の第1

駆逐艦「ショー」の爆発と右方の戦艦「ネバダ」の炎上を呆然と見つめるフォード島の水兵たち。

次攻撃隊が出撃した。

　午前7時40分ごろ、第1次攻撃隊は穏やかな日曜日の朝を迎えたオアフ島上空に接近した。淵田中佐は風防を開けて展開下令の信号弾を発射した。7時49分、淵田機は「全軍突撃せよ」を命じるトトト……（下達送）を攻撃隊全機に向けて発信した。

真珠湾は目前で米戦艦をはっきり視認できたが、米軍機は一機も上空に現れない。淵田は後席の水木徳信電信員に向かって言った。

「水木兵曹、甲種電波で艦隊あてに発信……我奇襲に成功せり」　符号は「トラ・トラ・トラ」。時に12月7日午前7時53分（日本時間・8日午前3時23分）であった。

　やすやすと奇襲を許した米軍だが、無防備だったわけではない。オアフ島バーバース岬のレーダーには淵田

を受ける米軍基地。

攻撃を受けた戦艦泊地の艦艇の
黒煙で覆われた基地の宿舎。

日本軍機の攻撃を受けるフォード島基地。日本軍機は戦艦群だけでなく、米軍施設にも攻撃を加えた。

ヒッカム飛行場内を走行中に銃撃された自動車。

地上撃破されたベローズ飛行場のＰ -40。

の第1次攻撃隊が映し出されていた。空襲開始5分前だった。ところが、それは本土から飛来する予定の味方の編隊であると簡単に結論された。

真珠湾基地は十分に警戒していたが、さすがに航空隊が大挙して空襲することまでは想像できなかった。

空襲が始まって間もなく、基地からは「真珠湾に空襲、これは演習ではない」の平文が打たれた。だが、時すでに遅かった。

最初の攻撃は急降下爆撃隊が行った。7時5分、急降下隊がヒッカム航空基地へ最初の250キロ爆弾を投下した。それから数分後、村田重治少佐が率いる雷撃隊は最新型戦艦「ウェストバージニア」を目標に魚雷を発射した。村田機から発射された「91式魚雷改2」は命中し、マストの3〜4倍の高さの大水柱をあげ

格納庫内で破壊されたヒッカム飛行場のB -18爆撃機。

た。

湾内のフォード島の南東泊地に戦艦7隻（旗艦「ペンシルバニア」はドックで修理中）が2列になって係留されており、その外側の戦艦が雷撃の餌食になった。とくに「アリゾナ」には魚雷教本が命中、さらに水平爆撃による爆弾も命中して火薬庫が誘爆した。

村田少佐の率いる雷撃隊は低空からフォード島に沿った戦艦泊地に侵入した。雷撃隊は、桜島をフォード島に見立て、水深の浅い真珠湾で魚雷を確実に放つ猛訓練を行っていたが、鍛錬の成果と新たに開発された浅海面魚雷の効果で不可能といわれた雷撃をみごとに成功させた。

攻撃は30分余りで終わったが、第1次攻撃隊より1時間後に空母を出撃した第2次攻撃隊167機（指揮

日本軍の爆撃で破壊されたヒッカム飛行場の格納庫。

官・嶋崎重和少佐）が午前9時、黒煙吹き上げる真珠湾に殺到した。すでに戦端は開かれているので第二次攻撃隊は奇襲とならない。激しい対空砲火をかいくぐる強襲で、第一次攻撃隊が討ちもらした米戦艦に果敢に攻撃をしかけていった。

日本軍の攻撃が完全に終わったのは午前9時45分。真珠湾には壊滅した米太平洋艦隊主力の残骸が残された。その一方で、米軍の機械工場や艦船修理施設、燃料タンクなどは被害をまぬがれた。南雲長官は「所期の目的は達せられたと思う」として、さらなる攻撃をしなかった。作戦を採用した軍令部でも「其の（ハワイの米国艦隊）勢力を減殺するに務む」と発令していて、ハワイ作戦をあくまで南方作戦の支作戦とみなしていた。作戦立案者である山本五十六は

上から、日本軍の爆撃で破壊されたウエラー飛行場の施設。
日本軍の爆撃で破壊されたヒッカム飛行場の米軍機。
戦死したヒッカム飛行場の陸軍兵。
日本軍機の攻撃を受けたホイラー飛行場。

「勝敗を第一日に決する」という決意を持っていたが、その意は汲まれていなかった。

作戦時、真珠湾に空母が在泊していなかったことや燃料タンクが攻撃をまぬがれたことによって、後に米軍は意外に早い立ち直りを見せることになる。

ヒッカム飛行場の兵器修理工場の脇に墜落した「零戦」。

撃墜された日本軍機の残骸。

被弾して米軍基地に突入した日本の艦上爆撃機。

乾ドックで攻撃された駆逐艦「ダウンズ」(左) と「カシン」(右)。

日本軍の爆撃で大穴が開いたヒッカム飛行場内の道路。

鎮火した戦艦「アリゾナ」。

九軍神と米軍の捕虜となった乗組員

日本で「軍神」なる名称が贈られたのは、日露戦争の旅順口閉塞作戦で戦死した海軍の広瀬武夫少佐と杉野孫七上等兵曹（ともに死後1階級進級）が最初であった。この〝海の軍神〟を知った陸軍は、遼陽会戦の首山堡の激戦で戦死した歩兵第34連隊第1大隊長の橘周太少佐（死後進級）を〝陸の軍神〟として公表した。軍神第2号である。

その後、満州事変でも「廟行鎮肉弾三勇士」が軍神として喧伝されたが、神様にされる将兵がぜん多くなったのは昭和12年（1937）7月の日中戦争開始後である。その背景には、宣伝の重要性を知った軍と政府のプロパガンダがあった。陸海軍とも報道部を設け、国民の戦意高揚に躍起となっていたのである。裏を返せば、それだけ戦局が厳しく、苛烈だったということでもある。

そして真珠湾攻撃でも軍神が生まれた。華々しい活躍をした機動部隊よりも早く、実は5隻の特殊潜航艇がひそかに真珠湾に突入していた。そして5隻すべてが未帰還となっていた。搭乗員10名のうち9名が戦死し、のちに9名は「軍神」として大々的に喧伝される。

特殊潜航艇とは、艦隊決戦時に敵艦隊を奇襲攻撃するために造られた小型の潜水艦で、全長24メートル、2人乗りで、2発の魚雷を装備していた。

その存在は軍事機密だったために、「甲標的」とか「A標的」、あるいは「H金物」「特型格納筒」（略して「筒」とも）といった秘匿名で呼ばれていた。すなわち「対潜水艦攻撃訓練の際に使用する標的」と説明していたのだ。

真珠湾口から10～20キロの地点

米軍が回収した特殊潜航艇。

特殊潜航艇による「特別攻撃隊」全員。前列が艇長、後列が同乗の兵曹。左から広尾彰少尉・片山義雄二曹、横山正治中尉・上田定二曹、岩佐直治大尉・佐々木直吉一曹、古野繁実中尉・横山薫範一曹、酒巻和男少尉・稲垣清二曹。

で親潜水艦から発進した5隻の特殊潜航艇のうち、2隻が湾内への突入に成功したと当時は信じられていた。ところが、実際は一隻が湾口で駆逐艦に撃沈されていた。そして確認された戦果はなかった。

ちなみに10名の乗組員のうち、生き残ったのは酒巻和男少尉だけだった。酒巻艇はジャイロコンパスの故障から海岸に乗り上げ、酒巻少尉は意識不明のところを捕まり、太平洋戦争の捕虜第1号になった。

戦死した9名は「九軍神」として、国民の戦意高揚のため大いに喧伝されたが、日本軍は酒巻少尉が捕虜になったことはアメリカのラジオ放送で知っていたが、国民には戦後まで隠されていた。

マレー・シンガポール作戦1

マレー半島に上陸した日本軍は驚異的なスピードでシンガポールを目指した

マレー半島に向かう第25軍
を乗せた大輸送船団。

コタバルに上陸した佗美支隊。

第25軍を指揮した山下奉文中将。

開戦1時間50分前にコタバルに上陸した第25軍

太平洋戦争は海軍の真珠湾攻撃で幕を開けたというのが一般的だが、戦闘そのものは陸軍のマレー半島上陸作戦の方が早かった。陸軍では南方（現在の東南アジア一帯）を攻略する作戦が立てられており、そのなかでもっとも早く行われたのが、マレー・シンガポール作戦である。

この作戦の最終目的は、香港と並ぶ東洋における最大拠点であるシンガポールを占領することにあった。

退却するマレー戦線の英印軍が
爆破したアロルスター橋梁。

シンガポールを奪取すれば制海権も確保でき、石油をはじめとする南方資源を安心して日本に運べる。しかし、シンガポールにはイギリス東洋艦隊を収容できる大軍港があり、さらに大口径要塞砲（38センチ砲5門、23センチ砲6門、15センチ砲5門）で守られていた。これでは海上からの正面攻撃で攻め落とすことはできない。そこで日本軍は約1000キロのマレー半島を縦断し、背後からシンガポールに攻め込む作戦をとることにしたのだ。

日本陸軍は南方作戦を担当する南方軍を創設し、寺内寿一大将を司令官に任命した。実際に各地を攻略するのは南方軍の下に置かれた各軍で、マレー・シンガポール方面は山下奉文中将率いる第25軍が担当した。

そのうち、第18師団の一部である

英印軍の破壊した橋を工事する日本軍の工兵隊と、その橋を渡る自動車。

ジャングル地帯を進軍する日本兵。日本軍は驚異のスピードでマレー半島を進撃した。

ジャングル地帯を進む戦車隊。マレー戦では日本の戦車部隊が大活躍した。

佗美支隊（司令官・佗美浩少将）がコタバルに上陸したのは日本時間の12月8日午前1時30分で、海軍の真珠湾攻撃よりも1時間50分近く早かった。コタバルにはイギリスの空軍基地があり、まずそこを占領して日本の航空部隊を進出させ、攻略を容易にする必要があったのである。

55日間でマレー半島を縦断した「東洋の電撃戦」

第25軍では佗美支隊に続いて、近衛師団が陸路タイ領内から、第5師団は海南島を発して海路シンゴラ、パタニにそれぞれ上陸を開始した。日本は開戦直前にタイ政府と軍事同盟を結び領内通過を認めさせようとしたが、これを嫌ってピブン首相が雲隠れしたために条約が締結できず、シンゴラ、パタニに上陸した日本軍

英印軍に橋を破壊されたため、自転車を担いで渡河する日本軍。自転車を装備した彼らは「銀輪部隊」と呼ばれた。

銀輪部隊もクアラルンプールに到着した。日本軍の電撃戦はまだまだ続く。

クアラルンプールに突入する日本軍。

はタイ軍の攻撃を受けるハメになった。同盟の強要によって行われるはずだったタイ軍からの車両の提供も受けられなかった。

そうした中、佐伯静雄中佐の指揮する捜索第5連隊（佐伯挺身隊）は郊外のハジャイ付近に進撃して鉄道や自動車などの移動手段を奪えと命じられた。佐伯挺身隊は自転車をかき集めて移動を開始、ハジャイ駅で自動車50輛、列車2輛を奪取すると、国境を越えてジットラからアロルスター目指してさらに進撃を開始した。

ジットラ〜アロルスター間は約22キロ。鉄条網、地雷、対戦車壕、トーチカを幾重にも配置したジットラ・ラインという防御陣地があった。英印軍はここをフランス・ドイツ国境の要塞線になぞらえて東洋のマジノ線と呼び、日本軍の進撃を2、3

カ月は食い止められると豪語していた。しかし、佐伯挺身隊は戦車を先頭に突進を重ねて、11日昼から13日未明にかけてわずか1日半で英印軍の誇る陣地を突破した。マレー方面最大の英印軍航空基地はあっけなく陥落した。

ジットラ・ラインを突破した第25

敵の弾雨下を前進しようとするマレー攻略の通信隊。

マレー半島の険しい山道を進撃する日本軍車両部隊。

いよいよジョホール州に突入する日本軍の97式戦車。

ジョホールバルを砲撃する日本軍。

軍に対して英印軍は要衝ベラク河に架かる橋を破壊して日本軍の進撃を食い止めようとした。さらに、マレー半島はジャングルの中を主要な数本の幹線道路が通っているため、英印軍は道路を破壊し、木を切り倒して障害物を設けたりするなど、日本軍の南下を阻止しようとした。しかし、日本軍は英軍の予想を邁かに上回るスピードで進撃した。昭和17年（1942）1月31日には、日本軍の一部隊がマレー半島南端、シンガポールを望めるジョホールバルに到達した。もともと日本軍はシンガポール到達まで100日を想定していた。それが上陸から55日で到達してしまったのである。1100キロの道のりを1日平均20キロの速さで進撃したことになる。第25軍の戦いは「東洋の電撃戦」と呼ばれた。

マレー沖海戦
「これ以上の衝撃を受けたことはなかった――」英チャーチル首相が回想録に記す

シンガポールは東アジアにおける英海軍最大の根拠地であった。昭和16年（1941）12月2日、巡洋戦艦レパルスと最新鋭戦艦プリンス・オブ・ウェールズの2隻が入港。チャーチル英首相は艦隊の派遣を全世界にラジオで発表、それは日本軍に対する威嚇でもあった。開戦第1戦の真珠湾攻撃は成功に終わった。しかし、もう一方の重要な南方攻略部隊に英艦隊が迫っていた。

12月9日、南遣艦隊司令長官・小沢治三郎中将は英艦隊との夜戦に持ち込もうと重巡洋艦5隻、軽巡洋艦2隻、駆逐艦4隻からなる艦隊を率いて出撃し、同時にサイゴンの第22航空戦隊の松永貞市少将に英戦艦攻撃を命じたが、悪天候が災いしてチャンスを逸していた。

翌10日、小沢中将より、索敵攻撃敢行せよとの命令を受けて、松永司令官は、まず午前7時50分に96式陸攻9機をサイゴンより発進させた。そして、その後約1時間毎に元山、鹿屋、美帆の各航空隊より連続して航空機を発進させた。その総数は120機（索敵機31機、攻撃機81機）におよんだ。索敵機はマレー半島東方の南シナ海で戦艦2隻、駆逐艦3隻の英艦隊を発見した。

約2時間にわたる日本軍の攻撃で、レパルスは爆弾1発、魚雷14発を受け、午後2時3分に沈没。続く最新鋭戦艦プリンス・オブ・ウェールズ

マレー沖海戦に出撃する96式陸攻。

には、爆弾2発、魚雷7発が命中、午後2時50分に沈没した。この知らせを聞いたチャーチル英首相は「戦争の全期間を通じて、これ以上の衝撃を受けたことはなかった」とその回想録に記した。

このマレー沖海戦は世界中に激震を与えた。それまでの艦隊対決は戦艦対戦艦がお互いの主砲を撃ち合って雌雄を決するものだった。そのため、できるだけ主砲が大きい戦艦をつくる競争を行ってきた。しかし、作戦行動中の戦艦を航空機によって撃沈させたという事実は戦艦に対する航空機の優位性を実証し、大艦巨砲主義の終焉をもたらしたのだった。

逃げまどう英艦隊。写真左方の軍艦は左側が「プリンス・オブ・ウェールズ」で、右が「レパルス」。手前は随伴の駆逐艦。

英艦より救助された生存兵。

日本軍の航空攻撃にされされる「レパルス」（上方）と「プリンス・オブ・ウェールズ」。

マレー・シンガポール作戦2

攻撃開始から1週間
日本軍は弾薬が尽きかけつつあったが
あっけない形でイギリス軍は降伏した

日本軍の空爆で黒煙を噴き上げるシンガポール市街北方の英軍重油タンク。

シンガポールに上陸する日本軍。

シンガポール島に逃げ込んだ英印軍

破竹の進撃でマレー半島を南下する日本軍に、半島の最南端・ジョホールバル市に追いつめられた英印軍とオーストラリア軍（豪軍）は、先を競ってジョホール水道の陸橋を渡り、シンガポールになだれ込んだ。そして昭和17年（1942）1月31日の真夜中までに大半の部隊は渡り終えた。マレー半島から撤退する最後の部隊を見届けた破壊班が、陸橋に爆薬を仕掛けた。午前八時、鈍い爆発音が轟き、陸橋は水道のほぼ中間で切断された。

シンガポール島の人口の大半は陸橋と反対側の、南部地区のシンガポール市に集中していた。英印軍は、侵入してくる日本軍を、ジョホール水道で食い止めようとした。

シンガポールを目指す日本軍。トラックに乗っているのは日本軍に投降したインド兵。

日本軍の陽動作戦成功

英印軍を追う日本軍も、1月31日にジョホール水道北岸に達した。このジョホールバル地区で、日本軍は1週間かけてシンガポール攻略の準備を整えた。山下中将は、陸橋が見下ろせる丘の上に建つグリーン宮殿(ジョホール州首長舎)に軍司令部を設けた。

一方、8万5000名の兵力を持つ英印軍のパーシバル総司令官は、日本軍を海岸で撃退しようと考えていた。いわゆる水際撃滅作戦である。そこでジョホール水道沿いを東部と西部に分け、東部地区の防衛を重視する布陣をとった。西部地区の海岸はマングローブが繁茂する湿地帯であり、上陸作戦には不利と判断したからだった。ところが、日本軍が実際に上陸地点に選んだのは、その西

エンパイヤドック西北台付近で英印軍を追撃する日本軍。

エンパイヤドックを占領して万歳を三唱する日本軍。

部地区であった。

2月7日夜、日本軍は東部地区に英印軍の目を引きつけるため、近衛師団の一部をセレター軍港やチャンギー要塞を見下ろせる水道内の小島ウビン島に上陸させた。陽動作戦である。兵士400名と山砲2門を乗せた20隻の大発（上陸用大型発動艇）が上陸地点に到着した。そして夜が白みはじめた8日早暁、ジョホールバルから440門の大砲で約20万発の砲弾をシンガポールの石油タンクや飛行場に撃ち込んだ。遠藤三郎少将率いる陸軍の第3飛行集団も、敵陣地へ激しい空爆を開始した。

英軍はあわてて東部地区の水道際に増援部隊を急派した。日本軍の陽動作戦は図に当たったのだ。日本軍は陽動作戦にダメを押すかのように、8日は一日中チャンギー要塞に砲火

シンガポール市街に向かう日本軍。

を集中した。

そして9日午前零時、日本軍は夜陰にまぎれて三手に分かれ、折りたたみ舟艇で上陸作戦を開始した。上陸予定地は英軍が西部防衛地区とした陸橋の左右一帯だった。

虚を衝かれた英印軍は、若干の抵抗を示しただけで、日本軍の第1陣は午前零時20分ごろシンガポールの土を踏んだ。第5師団、第18師団が渡河を完了したのは午前6時前後だった。

山下中将は宮殿の展望塔から、上陸を果たした部隊がテンガー飛行場を目指してゴム林を突進していくのを眺めていた。そして間もなく、幕僚をともなってジョホール水道を舟艇で渡り、シンガポール島に上陸したのである。

陥落したチャンギー要塞を視察する山下奉文司令官。

英印軍に降伏勧告文を投下した山下司令官

上陸した日本軍は、当面の攻撃目標であるブキテマ（スズの山）高地、マンダイ高地へ向かって進撃を開始した。シンガポール市街を見下ろせるこの高地一帯が、勝敗を決する天王山と考えられ、事実そのとおりとなる。

英印軍の抵抗は予想されたほどの激しさはなかった。日本側は10日夜までに、第一線部隊が英印軍の主陣地と思われるパンジャン陣地を奪取した。

戦況を観察していた山下司令官は、明日、もしかしたら敵は降伏するかもしれないと考えた。明日11日は紀元節で、この日にシンガポールを陥落させることを目標に戦ってきた。山下は、敵に降伏勧告文を投下してみることにした。降伏勧告文は11日の朝、1機の偵察機がシンガポール市のはずれに投下した。降伏勧告文はパーシバル中将の手元に届けられたが、彼は返事を送らなかった。上級司令官のウェーベルからも、チャーチル首相からも「最後まで戦え！」と命じられていたからである。

日本軍は3方向からシンガポール市へ南下し、ジリジリと英印軍を追いつめていた。ブキテマ高地では激しい攻防戦が繰り広げられた。

山下司令官とパーシバル中将との会談

激戦は続いていた。日本軍側が考えていた攻略予定日の2月11日は、すでに過ぎていた。双方の砲撃戦は12日、13日も続き、14日も止むことはなかった。そして15日になると、

カンニンガム要塞から投降してきたイギリス兵。

日本軍の攻撃で破壊された英印軍の弾薬庫。

日本軍の砲弾は底をついていた。野砲弾は1門当たり100発を切っていたし、重砲弾にいたってはもっと少なかった。軍司令部は攻撃を一時中止するかどうか検討しようとしていた。そこに突然、イギリス軍から白旗が揚がった。日本軍同様、イギリス軍も窮地に陥っていたのである。

15日の朝、パーシバル中将は各地区の指揮官を集めて会議を開いた。その結果、野砲と対空砲の弾薬、それにガソリンはほとんど底をつきかけていることがわかった。大損害を受けた給水設備は24時間持ちそうに

2月15日午後3時半、大きな白旗と英国旗を担いだイギリス将校が降伏してきた。写真右端がパーシバル中将。

シンガポールに入る95式軽戦車。

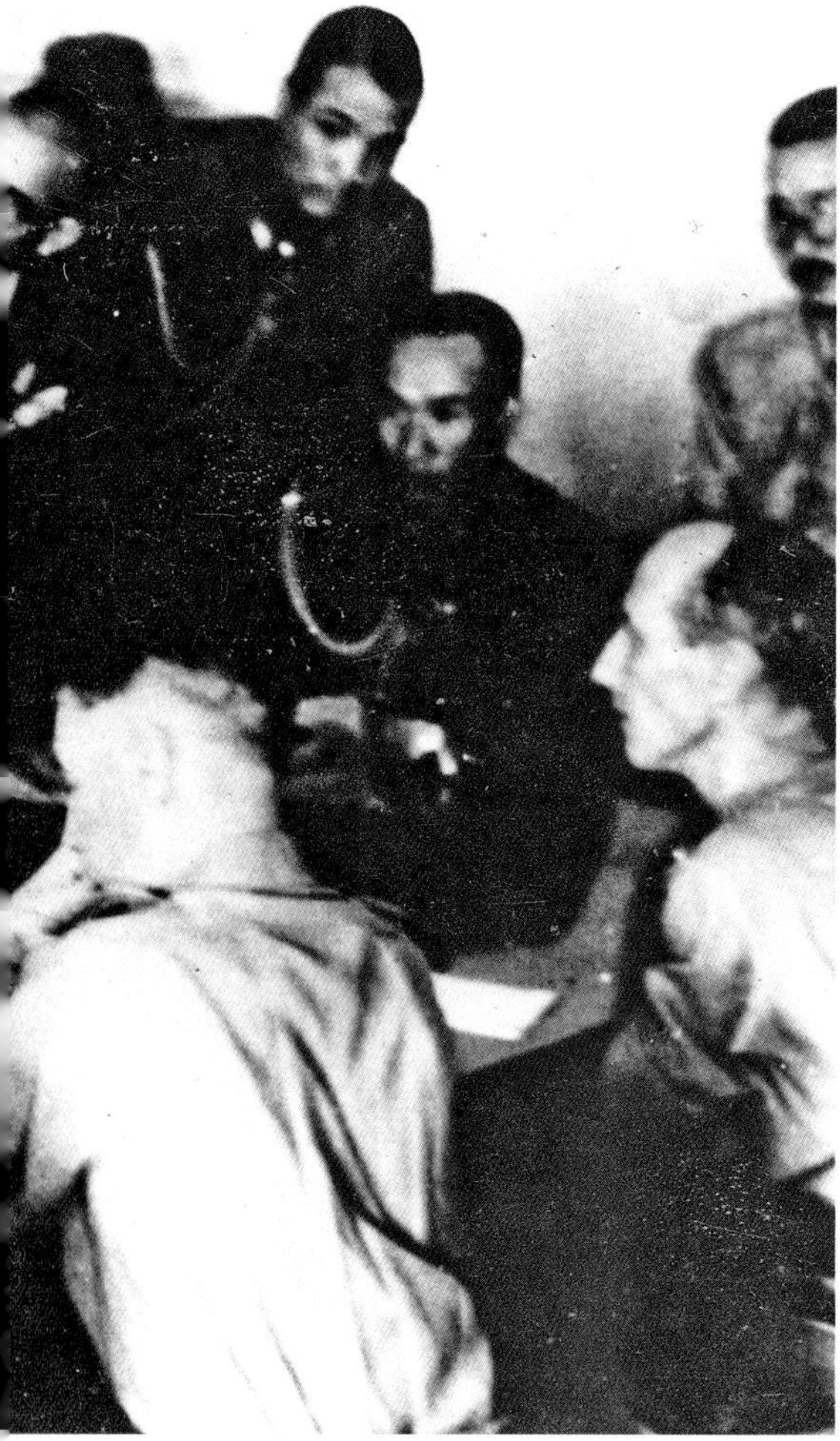

シンガポールで入城行進する日本軍。

戦友の遺骨を抱いてシンガポールに入城する戦車部隊。

なく、食糧もほとんど残っていない。パーシバル中将は降伏を決断した。

山下中将も交えた日本軍と英軍の降伏交渉は、午後7時からブキテマ村近くのフォード自動車工場の一室で行われた。

山下は「わが軍は、あなた方の降伏以外は考慮にありません」と強気を装って言った。当時の日本軍は、兵力数からみても英印軍より劣っていたし、継戦能力の面でもギリギリの状態にあったからである。するとパーシバルは「私としては、今夜の10時30分以前に最終回答を提出することはできないと思います」と答えた。パーシバルにすれば、降伏文書にサインする前に、降伏後の将兵の取り扱いなど、細目条項を取り決めておきたかったのである。

一方の山下は、日本軍の劣勢を相

山下が「イエスかノーか」と迫ったパーシバル中将との会見の様子。ブキテマ近くのフォード自動車工場で行われた。

手に気付かれる前に、一気に降伏を手に入れたかった。

「われわれの条件を呑めるかどうかだけこたえてほしい」

山下は迫った。日本語の下手な通訳のせいもあり、話し合いはちぐはぐなものになっていた。山下は怒りを満面に出して言った（実際はわざと怒ったふりをしたのだという）。

「そのような話は必要ない。私は簡単な答えがほしいのです。われわれは、あなたから『イエス』か『ノー』かの返事を聞きたいのです。あなた方は降伏するのですか？　それとも戦うのですか？」

「イエス。アイ・アグリー（降伏します）」

パーシバルは小さな、弱々しい声で答えた。午後7時50分、パーシバル中将は降伏文書にサインした。

フィリピン攻略戦

日本軍は戦わずマニラを占領したが
米軍はバターン半島に立て籠もり両軍の壮絶な戦いが開始された

日本軍に投降してきたバターン半島の米比軍。この捕虜を収容所がある半島付け根のサンフェルナンドまで徒歩で護送することになった。「バターン死の行進」である。

日本軍の空爆を受けるクラークフィールド航空基地。米比軍の航空戦力を壊滅させた日本軍は制空権を手にした。

米軍の焦土作戦で炎上するセブ市のハコサレーム街。米軍は日本軍が利用しそうな施設をことごとく破壊してから撤退した。

フィリピンの米航空基地を攻撃に向かう台南航空隊の零戦。

フィリピンが日米の戦略上重要拠点となる

16世紀以来、フィリピンはスペインの植民地となっていたが、明治31年（1898）の米西戦争に勝利したアメリカがスペインから統治権を奪い、植民地支配を続けた。

日露戦争の終了後、日本はアメリカと太平洋を挟んで対峙することになり、日米両軍はお互いを仮想敵国として有事が発生した場合の戦略を研究した。その際、日本軍が比島と略称したフィリピンは、日米両軍にとって戦略上の重要拠点となった。

もし日米開戦となった場合、アジアにおけるアメリカの拠点であるフィリピンの攻略は日本軍にとって必須であり、米軍にとってみれば、フィリピン失陥は避けねばならず、防衛に努めることになる。

昭和9年に成立したマックダフィ法でフィリピンの独立が決められた。写真は昭和11年、アメリカの独立記念日のパレードを観閲するマッカーサーと左は当時大統領を務めていたマヌエル・ケソン。

マッカーサーは開戦直後の12月12日、日本軍の攻撃を封じるためにフィリピンの首都マニラをオープンシティとして明け渡した。

アメリカは植民地であるフィリピンの1946年の独立を決定し、独立後のフィリピン軍創設のため、軍事顧問を送った。陸軍参謀総長を退任したダグラス・マッカーサーである。独立時の大統領就任が予定されていたマヌエル・ケソンは、マッカーサーにフィリピン軍元帥の称号を贈った。以後、マッカーサーはフィリピン軍の育成に尽力した。

マニラのルネタ公園リサール記念塔を望んで行進する日本軍。

日本軍マニラを占領

太平洋戦争開戦以来、マレー・シンガポール攻略に続いて、日本軍は当時アメリカ領となっていたフィリピンを占領するために軍を送り込んだ。まず海軍が航空機による攻撃で米軍の航空兵力を叩き、それから陸軍の陸上部隊が上陸して攻略に当たるという順序になっていた。

真珠湾への奇襲攻撃が行われた昭和16年（1941）12月8日、台湾の台南、台中、高雄から飛び立った86機の零戦と108機の陸攻がフィリピンのクラーク基地とイバ基地を攻撃した。ちょうど米軍の基地でも台湾を空襲する準備をしていた矢先で、飛行機はすべて地上に降りており、ほとんどが飛び立てないまま地上で破壊された。

12月10日に今度はマニラ湾のキャ

日本軍の空爆で炎上するキャビテ軍港の施設群。日本軍は地上部隊の上陸に先駆けて航空攻撃を加えた。

バターン半島を目指す日本軍。この時はまだバターン半島で米軍が島全体を要塞化して待ち構えているとは誰も思っていなかった。

ジャングルの行軍に難航する自動車部隊。

バターン半島の米比軍要塞を目指して前進する日本軍。

バターン半島の要塞に巨弾を撃ち込む砲兵隊。

ビテ軍港を攻撃、そして13日からはルソン島に残った航空兵力を徹底的に叩いた。制空権を完全に手中にした上で12月22日、陸軍がルソン島のリンガエン湾に上陸したのである。

本間雅晴中将率いる陸軍の第14軍は、ルソン島に上陸すると一路首都

のマニラを目指して進撃した。マニラまでの道のりはところどころで米比（アメリカ・フィリピン）軍の抵抗を受けたものの順調に進み、マニラの占領も年明けの1月2日にあっさりとすんでしまった。フィリピンの米軍を指揮していたアメリカ極東軍司令官ダグラス・マッカーサー大将は、マニラ市内では戦わない方針を打ち出しており、そのためマニラはオープンシティ（非武装都市）として日本軍に明け渡された。

このことは日本軍の上陸前から決まっていたことで、米比軍ははじめからマニラ湾に面するバターン半島に後退して、そこで日本軍と決戦を行うつもりだったのだ。米比軍最高司令官マッカーサー大将もすでに12月24日にマニラを脱出し、コレヒドール要塞へと退避していた。

バターン半島への攻撃

バターン半島はナチブ山系とマリベレス山系に覆われた密林で、米軍は陣地を構築し、籠城の準備を進めていた。軍のみならず、避難民の施設も作られていた。

第14軍はバターン半島籠城の予測はしていたものの、大規模な軍事施設と本格的な拠点が造成されているとは予想していなかった。米軍は市民（後方支援）2万を含めて約10万名の大部隊が籠城していたのだった。

日本軍は、占領後の警備部隊で1月1日にリンガエン湾に上陸した第65旅団に対して、バターン半島の米比軍掃討戦を命じた。旅団は、1月8日、地形もわからぬジャングルに踏み込んだが、猛烈な砲撃と鉄条網と地雷と重機関銃による猛射で一歩も進めなかった。ジャングルの中で

バターン半島攻略の日本軍砲兵陣地。この攻略戦における日本軍の15センチカノン砲は数百門を超えた。

要塞に撃ち込む砲弾を運ぶ日本兵。

マリベレスのジャングル地帯を進む日本軍戦車隊。

迷子になる部隊も続出した。それでもナチブ山系陣地の最前線のひとつを突破したが、戦線はそこで膠着した。

第65旅団の苦戦を知った、第14軍は第16師団の一部を戦線に投入したが、全滅する部隊が続出した。

2月10日、日本軍司令部はようやく攻撃中止の命令を発した。間もなく、マニラ政庁の倉庫からバターン半島の防御陣地を詳しく記した地図が発見され、簡単に攻略できる陣地ではないことが明白になった。

第2次バターン攻略戦

南方軍と大本営はバターン攻略のために大規模な砲兵部隊を送り込んだ。部隊の大部分を統一指揮したのは第一砲兵司令部の北島驥子雄中将である。兵力の3分の1から5分の

日本軍の投降勧告ビラを見て投降してきたバターン半島のフィリピン軍。

日本軍に投降したバターン半島司令官キング少将。悲愴な面持ちで尋問に答えている。

バターン半島の米比軍陣地を空爆する日本軍機。

1を失った第65旅団や第16師団への補充兵も到着し、新たに第4師団も増派された。緒戦の主力であった第48師団は、予定に従って蘭印攻略に回っていたからだ。

第2次攻撃は4月3日（神武天皇祭）、190門の火砲による大規模な砲撃で開始された。米比軍の陣地が弱るまで砲撃を続けた後に歩兵部隊が突入し、米比軍の陣地を占領する。そして砲兵部隊が占領した陣地まで前進し、また砲撃を行い歩兵が突入するということを繰り返した。この作戦がすべてだった。4月9日、砲撃開始から1週間もたたないうちにバターン半島の米比軍指揮官キング少将が降伏し、組織的抵抗を終えた。捕虜7万人のほかに民間人の難民2万人という日本軍の予想を遥かに上回る人数を収容することになり、

こののち、捕虜収容所への移動の際に「バターン死の行進」の悲劇を招くことになった。戦後、第14軍の本間司令官はこの責任を問われ、米軍によるマニラの戦犯裁判で死刑となった。

バターン半島マリペレスの焼け跡。日本軍の砲撃の凄まじさがわかる。

米比軍の最後の砦
要塞の島コレヒドール

バターン半島の先に、オタマジャクシの形をした島が浮かんでいる。これがコレヒドール島である。岩盤でできている島には、マニラ湾に侵入する外敵を阻止するための巨大な要塞が築かれていた。スペイン統治時代からのもので、米西戦争でアメリカに割譲されてからも、その役割は変わらなかった。

日本軍がバターン半島を攻略したとき、コレヒドール島にはウェーンライト中将のもとに約1万5000名の米比軍将兵が籠城していた。米比軍司令官であるマッカーサーとその幕僚たちは、すでに米大統領命令で3月31日にコレヒドールを脱出し、オーストラリアにたどり着いていた。ウェーンライトはその留守司令官と

前方に見えるコレヒドール島を目指す日本軍。

コレヒドール島に敵前上陸する日本軍。

コレヒドール島へ上陸した日本軍。

アメリカの極東最後の拠点コレヒドール要塞への大空襲を行う日本軍機。

いってよく、急遽、少将から中将に進級させられて、マッカーサーの後任司令官に任命されていたのである。
日本の砲兵部隊は、4月14日、バターン半島のマリベレス山腹に120門の砲列を敷いて、約10キロ先のコレヒドール島への砲撃を開始した。

コレヒドール要塞に突入する先発隊。

コレヒドール要塞に向けて大隊砲を放つ日本軍。

同島からの応戦も活発で、とりわけ30センチ重砲の威力は大きかった。約1週間続いた砲撃合戦では勝敗がつかなかった。

4月19日、日本軍の24センチ重砲の徹甲榴弾8発が砲台の弾薬庫に命中した。弾薬庫は大爆発を起こし、砲撃戦は日本側に有利に展開しはじめた。

天長節（天皇誕生日）の4月29日から、日本軍は一段と砲撃を強めた。さらに砲撃の合間には爆撃機が空から陣地を爆撃した。そして5月2日には5時間にわたって3600発を砲撃、その1発が再び弾薬庫に命中、大爆発をおこした。マリベレスの砲兵陣地から眺めると、島全体が爆発したのではないかと思われるほどだった。

5月5日の夕方、日本軍は猛烈な

コレヒドール要塞に向け火炎放射攻撃をする日本軍。

砲爆撃の効果を期待して、第4師団の約3000名が同島尾部に敵前上陸を敢行した。ところが壊滅状態かと思っていた米軍が猛反撃を開始し、日本軍は約900名の死傷者を出した。大きな砲台はほとんど破壊されていたが、上陸地点の小火器拠点には健在なものが多かった。しかし日本軍はそのまま突撃戦を続け、1000名規模の米軍と混戦状態に陥った。

だが、米本国からの救援をまったく期待できない地下要塞内の米比軍は、もはや抵抗の限界を越えていた。翌5月6日正午過ぎ、米比軍は突如白旗を掲げて降伏した。そして翌日には、ウェーンライト中将はラジオで、フィリピン全土の米比軍に降伏を呼びかけ、フィリピンの戦いは幕を閉じた。

灰燼と化したコレヒドール要塞。

鹵獲したコレヒドールの要塞砲。

コレヒドール要塞は陥落し、要塞内から出てきた米比軍の捕虜。

コレヒドール島要塞に備えられていた米軍の巨砲。

マリペレス山麓にて鹵獲した米軍のトラック群。

日本軍の空爆を受けた
コレヒドールの米軍施設。

香港攻略戦

幻の「大要塞」を突破
開戦18日後に陥落

水源を絶たれ降伏したイギリス軍

香港はアヘン戦争の勝利によってイギリスが獲得した植民地で、明治31年（1898）には清（中国）との条約により九龍半島を含む一帯がイギリスの租借地（99ヵ年）となっていた。

香港は東洋ではシンガポールと並ぶイギリスの根拠地である。日本との関係が悪化しはじめると香港の防衛態勢は強化され、とくに中国と国境を接する九龍半島には強固な要塞が築かれた。要塞の構造、大砲やトーチカの配置は最高の軍事機密であったから、その全貌はつかめなかった。ただ強固に防御された難攻不落の堅陣であるとの噂だけが広まっていた。

香港の攻略はイギリスの根拠地だったからだけではない。日本軍にと

重油タンクが黒煙を上げるなか、香港の港に突入する歩兵。

香港に爆撃を加える陸軍航空隊。上陸に先立ち港や砲台といった軍事施設を破壊した。
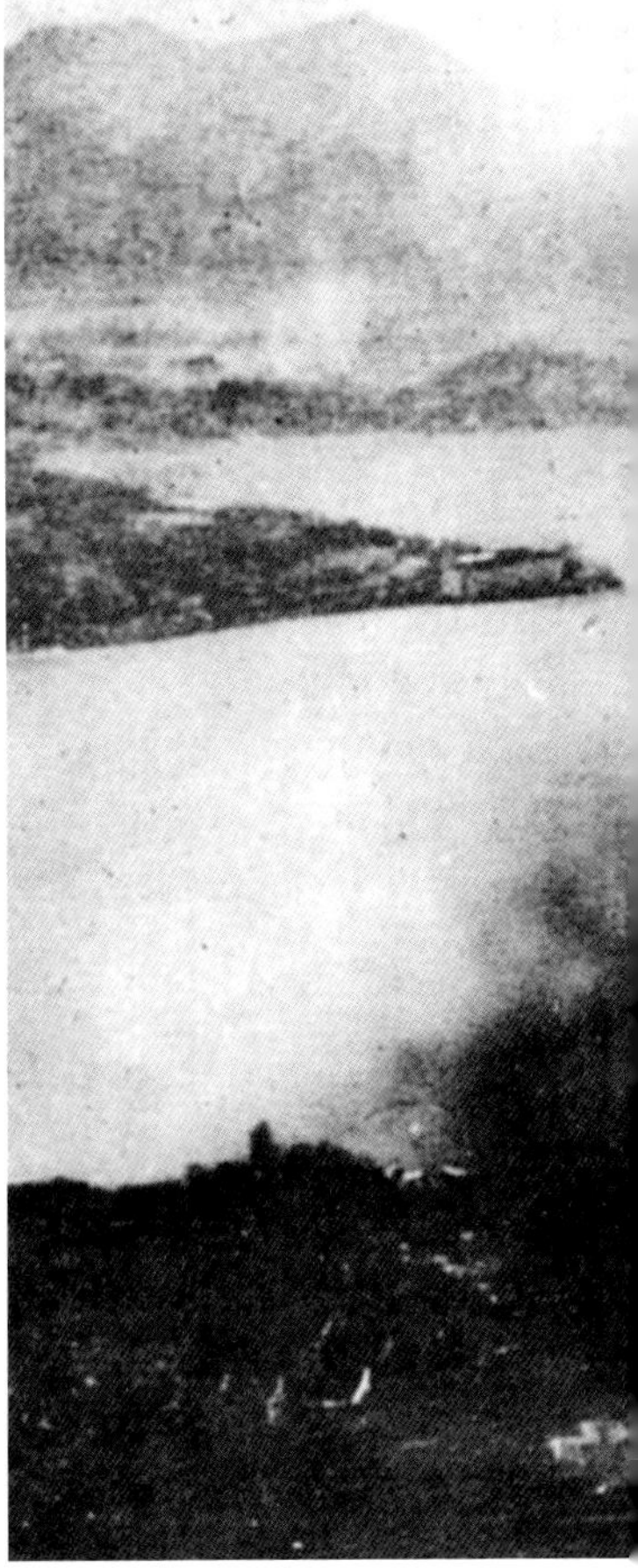

って香港はそれ以上の重要性を持っていた。なぜなら蒋介石への援助物資輸送ルート、通称・援蒋ルートの拠点だったからである。そのため香港を手に入れることは、イギリスはもちろんのこと、中国にも大きなダメージを与えられることを意味していた。

すでに日本軍には九龍半島に強固なトーチカが配されていることがわかっていたため、攻略には手間取ると予想されていた。北島驥子雄中将率いる第1砲兵隊も配備され、攻撃に備えていた。日本軍は開戦日の昭和16年（1941）12月8日、さっそく攻撃を開始した。

ところが、実際に戦闘を始めてみると九龍半島の防備はそれほどのものでないことがわかった。そして、あまりに手薄な防備を見た若林東一

香港攻略後、市内に入城する酒井陸軍最高司令官（中央）。

砲兵部隊が香港市街地に対する砲撃をしていたが、総攻撃前に英軍が降伏したため市街地への攻撃は行われずにすんだ。

中尉率いる敵情偵察部隊が、独断で要塞の中核を占領してしまった。事前の心配とは裏腹に九龍半島はあっけなく陥落してしまった。

　九龍を突破した日本軍は香港島の攻略に着手したが、12月13日、攻撃を前に英軍への降伏勧告を行った。このとき英軍は「日本軍の香港上陸決行前に降伏するがごときは、大英帝国の面目が許さない」と拒絶した。

　翌14日からは激しい砲撃、爆撃が行われ、17日になって再び、酒井隆軍司令官（陸軍）と新見政一司令長官（海軍）の連名による降伏勧告が行われた。しかしマーク・ヤング総督はこのときも勧告を受け入れなかった。

　日本軍の上陸は18日午後8時50分に開始された。香港島北東部に上陸したのち、時計回りに旋回して香港

市街を目指した。香港島守備隊はイギリス人、カナダ人、インド人らの部隊で兵力は約1万2000名。ほかに現地の志願兵などによる民兵部隊が防衛戦に参加した。兵力は少ないもののイギリス軍の士気は旺盛で、各所で日本軍との激しい戦闘を繰り広げた。とくに香港島南東の赤柱半島の要塞地帯に籠もる部隊は精強で、日本軍の攻撃を跳ね返し続けた。ところが25日午後5時にイギリス軍は突然降伏を申し入れてきた。

黄泥桶貯水池などの水源を日本に押さえられ、市街はパニックに陥り、香港からの脱出をはかる住民が後を絶たず、士気も低下していた。これ以上の交戦は不可能と判断したのである。

蘭印攻略作戦

オランダ領東インドの資源を求めた攻略作戦 わずか8日間でオランダ軍は降伏した

ボルネオ島のバリクパパン油田。日本軍の南方作戦の最大の目的は蘭印の豊富な資源を獲得することだった。

南方作戦の指揮を執った第16軍司令官今村均中将。

バリクパパン。日本軍の攻撃で破壊、遺棄されたオランダ軍の装甲車。

敵が破壊した山道を進む日本軍。

どうしても必要だった蘭印の資源

蘭印とは、現在インドネシアとなっている地域とほぼ重なり、正式名称は「オランダ領東インド」である。日本がアメリカ、イギリスとの戦争に踏み切ったとき、目標は真珠湾奇襲攻撃の成功でもなければ、フィリピンやマレー、シンガポールの米英軍の撃滅でもなかった。最大の目標は蘭印の軍事占領で、ここで産出される石油を押さえることだった。

日本による南部仏印（フランス領インドシナ。現在のベトナム、ラオス、カンボジア）への進駐をきっかけに、アメリカは昭和16年（1941）8月1日に石油の日本への輸出を禁止してしまった。こうなると石油の7〜8割をアメリカから輸入していた日本は、日中戦争の遂行はおろか、軍備も維持できなくなってしまう。そこで考えられたのが、アジア有数の石油の産地だった蘭印へ侵攻して油田を奪うことだった。蘭印には石油の他にもボーキサイト、ゴム、錫、マンガン、ニッケル、ウォルフラム、くず鉄、クローム、工業塩、ひまし油、ニキーネ、モリブデンなどといった多くの資源が産出されているため、国内に資源がほとんどない日本が長期の戦争をしていくためには不

日本軍の進撃を阻止するためにオランダ軍が倒した大木。

日本軍が占領したバリクパパンの製油所。

オランダ軍は製油所を破壊して退却していった。そのために占領後の日本軍はバリクパパンの製油所の復旧に励んだ。

可欠な土地だった。

石油獲得のための蘭印占領だったので、日本軍の侵攻も中心地のジャワ島ではなく、主要な油田のあるボルネオ島やスマトラ島から始められた。攻略を担当したのは今村均中将を指揮官とする第16軍である。蘭印の政治、経済、文化の中心地ジャワ島に対する攻撃は、フィリピンやシンガポールの連合軍を壊滅させるか降伏させたあとに実施される予定で、攻略開始日は開戦の１５０日後、昭和17年（１９４２）３月中旬を目処としていた。しかしそれまでに第16軍の部隊は行動を開始し、蘭印の外郭攻略に取りかかっていた。

日本軍の空挺部隊が
油田に向けて降下をはじめた。

パレンバンに降下した落下傘
部隊はただちに攻撃に入った。

落下傘部隊が飛行機に乗り込む。パレンバンの油田を無傷で手に入れたかった日本軍は落下傘による奇襲作戦をすることになった。

落下傘部隊の活躍は国内で大々的に喧伝され、「空の神兵」として軍歌や映画になった。

スマトラ島パレンバンに降下するため、準備に余念がない陸軍の落下傘部隊。

オランダ軍が破壊して
撤退した油田工場。

落下傘部隊は降下と同時に攻撃態勢をとった。

オランダ軍が退却に際して放火、炎上するパレンバンの油田。

日本軍に破壊されたパレンバンのオランダ軍機。

落下傘部隊の油田制圧

日本がもっとも欲した蘭印の油田はボルネオ島とスマトラ島にあった。まず昭和17年（1942）1月13日、坂口支隊が良質の石油を産するボルネオ島東岸のタラカンを攻略した。坂口支隊は続いてボルネオ島東岸に沿って海路南下、精油所のあるバリ

クパパン攻略に向かったが、上陸直前に軽巡2隻、駆逐艦4隻による連合軍艦隊の攻撃を受けて輸送船3隻が撃沈された。しかし蘭印軍は日本軍の進攻を食い止めることができず、バリクパパンは25日に占領された。
輸送船を失った坂口支隊だったが、バリクパパンを攻略すると、ジャングルを踏破して2月11日にバンジェルマシンを占領した。
スマトラ島東部にあるパレンバンには蘭印最大の油田があった。できれば無傷で手に入れたい日本軍が行ったのは、落下傘部隊による奇襲作戦だった。
陸軍の落下傘部隊は昭和17年2月14日にパレンバンの油田地帯に降下した。挺進第2連隊の約300名で、このニュースはただちに大本営発表としてラジオを通じて知らされた。

掘削中のトウノサク油田。奇跡的に無傷だった油田もあった。

蘭印の石油年産量は少なく見積もって800トンあり、年間500トンとされていた日本の需要量を上回っていた。

もっとも、海軍落下傘部隊によるメナドへの空挺作戦の方が1カ月も早いが、海軍落下傘部隊の戦果が知らされたのは、パレンバン降下作戦のあとだった。落下傘部隊はいつしか「空の神兵」と呼ばれるようになり、同名の映画がつくられ、主題歌「空の神兵」が大ヒットした。

陸軍のジャワ島上陸の前に海軍の攻撃機は大挙して蘭印の首都バタビアを襲い、チリリタン、カマヨラン、タンジョンプリオク各飛行場を攻撃した。写真はカマヨラン飛行場の空爆。

蘭印の中心地ジャワ島の攻略

蘭印の攻略を担当した第16軍は、3月1日にジャワ島に上陸した。上陸部隊は3つに分かれ、本隊・第2師団がバタビア付近のバンタム湾に、第38師団の一部から編成された東海林支隊は本隊よりやや東のエレタン海岸に、そして最も東の第48師団と坂口支隊がジャワ島東部のスラバヤ付近のクラガン岬に上陸した。クラガン岬の部隊は上陸前に連合軍の艦隊に遭遇したが、護衛の艦隊がこれを撃破したため部隊は予定通りに上陸することができた。

上陸した部隊は比較的容易に各都市を制圧していった。第48師団はスラバヤに向かったが、ほとんど戦闘をすることなく蘭印軍が降伏してきた。3月7日には坂口支隊が島のほぼ中央に位置する都市・チラチャッ

日本軍は総兵力4万人が3カ所から一斉に上陸した。

バンダム湾から上陸した第2師団。ジャワ島に上陸した各部隊はそれぞれの目標に向かって進撃を開始した。

クラガンチェーブを前進するジャワ攻略部隊。

油田を確保した日本軍はいよいよ蘭印の首都であるジャワ島に敵前上陸を行った。

プを占領。進撃途中で蘭印軍の抵抗があったものの、チラチャップは突入したその日に占領することができた。

また、東海林支隊はカリジャナ飛行場を占領すると、ジャワ島最大の軍事本拠地となっていたバンドン要

部隊を前進させるために架橋作業を行う日本軍。

日の丸を掲げて前進する戦車部隊。

塞を攻略した。もともとバンドンの攻略は本隊である第2師団の役目で、4000名の東海林支隊ではとうてい攻略できる規模ではなかった。ところが、3月7日に東海林支隊が要塞の一角を押さえたところで、なんと蘭印軍が停戦を申し込んできたのである。

蘭印軍は、東海林支隊の後にはもっと大きな主力部隊が控えていると勝手に思い込んでいたらしい。実際に第2師団がいたが、ともに上陸した第16軍司令部の輸送船が連合軍との海戦に巻き込まれ、沈没してしまっていた。指揮官の今村均中将もその時に海に放り出されてしまったほどで、今村中将は助かってはいたものの、第2師団と連絡は取れなくなっていた。そのため、東海林支隊は全員討ち死にでもするつもりで、と

戦車隊も作戦に参加。首都であるバタビアを目指した。

りあえずバンドン攻撃を始めたのである。

その第2師団はというと、3月5日にほとんど無血占領に近い形でバタビアを制圧すると、翌日には宮殿のあったバイテンゾルフを占領し、蘭印の制圧をほぼ完了したのである。オランダ軍は降伏し、3月9日には放送を通じて全オランダ軍の降伏を命じた。日本軍がジャワ島に上陸してからわずか8日でのオランダ軍の降伏となったのである。

海軍陸戦隊も作戦に参加した。中部セレベスを前進する海軍陸戦隊。

中部セレベス掃討戦で陸戦隊に投降するオランダ兵。

中部セレベス掃討戦で敵陣に突入する陸戦隊。

親指を立てて歓迎の意を表す住民たちとそれに応える日本兵たち。ジャワ島攻略戦は南方作戦のなかでも最も順調に進んだ作戦のひとつだった。

ジャワ島のオランダ軍はわずか８日間で降伏した。写真はオランダ軍への降伏勧告の様子。

日本の戦果を喜ぶジャワ島の人々。

首都であるバタビア市街に入った銀輪部隊。

中部セレベス掃討戦で敵陣に突入する陸戦隊。

昭和17年3月10日、バンドンに入城して子どもたちの歓迎を受ける最高司令官今村均中将。

ビルマ攻略戦
援蔣ルートの遮断を狙う

援蔣ルートを走るトラック。米英は蔣介石に対して積極的に物資の援助をした。

日本軍にとって悩みの種だった援蔣ルート

太平洋戦争開戦時、日本はすでに4年に渡って中国との戦争を続けていた。日中戦争である。日中戦争が勃発した当初、日本軍は中国軍など容易に蹴散らせると考えていた。それまで戦ってきた中国軍がそうだったからである。ところが、いざふたを開けてみると、蔣介石率いる中国軍はいつまでたっても屈服しなかった。戦線は広がるばかりで完全に泥沼化していた。もちろん中国に強い抗日意識があったことは間違いないが、圧倒的な劣勢にもかかわらず、蔣介石がいつまでも音を上げない原因の一つに、米英をはじめとする列国からの軍事援助があった。昭和15年（1940）、蔣介石のもとには香港ルート、西北ルート、仏印ルート、

援蒋ルートのビルマルートを遮断することがビルマ攻略の目的だった。

ビルマルートの4つの「援蒋ルート」から援助物資が送られていた。これら援蒋ルートを遮断しないかぎり日本に勝利はなかった。日本軍がビルマに侵攻した一番の理由は、蒋介石への援助物資輸送コース、「援蒋ルート」の最後の一つ「ビルマ公路」がイギリスの植民地・ビルマにあったためだった。

援蒋ルートの遮断は日本軍にとって非常に重要な問題だったが、当初、日本軍にはすぐにビルマを攻略する予定はなかった。兵力が不足していたからである。一応は攻略を担当する第15軍が編成され、飯田祥二郎中将が指揮官になってはいたものの、開戦当時は大作戦をするほどの兵力を持っていなかった。

それでもビルマルートを遮断したい日本が目を付けたのが、ビルマ国

ビルマの首都ラングーンを目指して鉄橋を渡って進軍する日本軍。

ラングーンの波止場を占領した日本軍。足下に残る残骸は援蒋物資。

戦友の遺骨を抱いてラングーンに入城する日本軍。

内で高まりつつあった反英独立運動だった。独立運動が武装蜂起に発展すれば、蒋介石への物資援助はおのずと立ち行かなくなるからである。

昭和13年（1938）2月1日、日本軍は鈴木啓司大佐を長とする謀略機関「南機関」を発足させ、本格的にビルマ工作を開始した。

のちに〝ビルマ独立の父〟と呼ば

日本軍はビルマ最大の都市モールメンを占領した。

ラングンーン郊外、ミンガラドン飛行場へ突入する日本軍。

日本軍は援蔣物資の補給路ラングーン港を占領した。

れるアウン・サンら民族運動家たちは、イギリスから激しい弾圧を受け、多くは国外に脱出していた。南機関は彼らのうちの30人ほどと接触することに成功し、海南島、台湾などで再びビルマに潜入させるための準備をさせ、ビルマ独立義勇軍を編成した。彼らがイギリスと戦いを始めれば、国内は混乱し援蒋ルートが機能しなくなるというわけである。

ビルマ全土を占領した日本軍

昭和16年（1941）12月8日の開戦時、ビルマに対する大本営の考え方はまったく漠然としていた。それが緒戦の順調な進展とともに、次第に具体化すると同時に積極化していった。そして日本軍はビルマに進攻を決める。

ビルマ攻略を担う飯田中将率いる

第15軍は、もともとタイを安定確保してマレー・シンガポール攻略にあたる第25軍を支援するために設置されていたが、併せてビルマに対する作戦準備も命じられていた。

12月21日、大本営作戦参謀服部卓四郎大佐は第15軍にビルマ攻略を命じた。背景にはビルマ攻略が中国、インドに与える影響が大きいこと。ボードウィンの鉛鉱山とエナンジョンの油田を持つことが、きわめて有益と考えられたからだった。南方作戦が順調に進んでいる機に乗じようというのである。

実に突然の命令だった。第15軍はビルマ攻略作戦を大きく方向転換せざるを得なくなる。それまで第15軍の考えていた作戦は援蒋ルートを遮断し、ビルマの独立を促してイギリスから離反させることを主眼として

いた。直接攻略するには兵力が足りなかった。
一方の大本営は、第25軍から第56師団を引き抜いて第15軍に加え、さらに第18師団も加えることで戦力を確保した。
そして第15軍はビルマに向けて進攻を開始したのである。ビルマ攻略にあたって、まず日本軍は首都ラングーンを目指した。中国への援助物資は海沿いのラングーンで陸揚げされていたため、ラングーンを占領すれば同時に中国への物資搬入がストップすることになる。そのため、重慶にいた蒋介石も自らの軍をビルマに送り込み、英印軍とともに日本軍と戦わせた。
途中で英印軍らの抵抗を受けた日本軍だったが、3月8日にはラングーンを無血占領することができた。

ラングーンを占領した日本軍は北ビルマのバーモを目指して進軍した。

ペグーの涅槃像の前で僧侶とともにバンザイをする日本兵。

エナンジョン油田地帯に突入した日本軍。

英印軍がラングーンを放棄したのは、ビルマ最大の激戦となったペグーの攻防戦で精鋭の機械化部隊が敗れたためだった。機械化部隊の装備するM3戦車は日本軍の兵器をことごとくはね返したため、日本は劣勢に立たされた。しかし遮二無二肉弾攻撃を仕掛けて、ようやくこれを撃ち破り、3月7日にペグーを占領することができたのである。その報を聞いた英印軍はその日のうちにラングーンを放棄した。

ラングーン占領後、日本はエナンジョンの油田地帯などを占領しながら北上した。日本軍はビルマのほぼ中央に位置するマンダレーで大規模な決戦があると予想しており、相手の退路をあらかじめ断っておくため、一部の部隊は先にマンダレーより北のラシオまで進出した。

エナンジョン油田を占領し勝どきをあげる日本兵たち。

マンダレーを占領し、王宮前を行進する日本軍。

エナンジョン油田での激闘の跡。日本軍に破壊された英印軍の輸送車。

砲を分解してメービン河を渡河する日本軍。

3月上旬、日本海軍はインド洋作戦を実施し、アンダマン島を占領するとともにセイロン島を根拠地とする英東洋艦隊を事実上壊滅させ、制海権をものにした。これでシンガポールからラングーン間の海上輸送が可能になり、補給能力などが増強された。また、ラングーンの飛行場には陸軍第三飛行集団が進出し、のちに〝空の軍神〟と呼ばれる加藤健夫中佐率いる「加藤隼戦闘隊」が活躍した。

一方、陸では第18師団と第56師団が到着し、北へ向けて進撃していた。英印軍は適当に戦っては退却するという戦法に終始した。このような状況を受けて、司令官アレキサンダー大将はビルマからの撤退を決定した。日本軍が一大決戦を想定していたマンダレーに到着したときには、英印

エナンジョン油田はビルマ
最大の油田だった。

英印軍の戦車に肉薄し攻撃を加える日本軍兵士。

英軍が撤退に際して破壊したイラワジ河支流の鉄橋を突破する日本のトラック隊。

軍はすでに退却済みで、決戦は起こらなかった。

日本軍に追われて退却する英印軍、中国軍は続々とビルマ国外に脱出した。中国軍は撤退時にビルマ公路の通り道だった恵通橋を破壊し、自らの手でビルマルートを遮断した。

第15軍がビルマ全土の制圧を南方軍に報告したのは、5月15日のことだった。ビルマルートを断絶し、資源も手に入れた。しかし、ビルマ占領はすべての解決にはつながらなかった。まず蒋介石への援助が途絶えなかったことである。確かにビルマルートはなくなったが、飛行機でヒマラヤを飛び越える新たな援蒋ルートが出現したのである。

独立を夢見たビルマ国民

日本軍が直接侵攻する前に、独立

マンダレーに入城した日本兵をもてなすビルマ人。

運動をしていた活動家たちを利用しようとしたことからもわかるように、ビルマも蘭印と同様、独立への意欲が非常に強い国だった。

国民たちがビルマ独立義勇隊と一緒にやってきた日本軍に期待したことはいうまでもない。ビルマからイギリスを追い払って独立させてくれると思ったからである。結成時はわずか200人しかいなかったビルマ独立義勇隊は、行く先々で増え続け、ラングーン到達時には1万2000人に増大していた。さらに民衆たちも補給や情報提供、また渡河作戦などでも積極的に日本軍に協力した。

しかし、彼らの願いが届くことはなかった。日本軍は、自らが大軍を投入して占領した土地をやすやすと手放す気はなかったのである。独立義勇隊はビルマ南部最大の都市・モ

日本軍の警備下に在るタボイ市。英印軍は退却に際して市街を焼き払っていった。

日本軍は援蔣物資の集結地であるバーモを目指した。

ールメンを占領した時点で臨時政府の樹立を宣言するつもりでいたが、すでに日本軍が軍政を開始していたためにかなわなかった。モールメンの占領はビルマ攻略開始直後の1月31日のことだった。そしてラングーンを占領した直後には独立を強く主張したが、またもや容れられなかった。

ビルマ独立義勇隊は、日本軍によってビルマ防衛軍として再編成され、ビンタなど日本式の厳しい訓練を施された。さらに米などの物資、そして人も労働力として徴収されてしまった。日本の占領はビルマ人の中に不満と敵対心を植え付けたのである。昭和18年8月にビルマは独立を果たすが、形式的なものに過ぎなかった。

戦争末期にイギリス軍がビルマを奪還にやってくると、民衆は日本に

ダヴオイ北イボ河の架橋
工事には象も動員された。

北ビルマ・雲南国境付近の要地バーモを占領して援蒋物資を点検する日本軍。

反旗を翻してかつてあれほど追い出したがっていたイギリスの味方についた。このことから、ビルマの人々が日本の占領をどのように捉えていたのかがうかがえるだろう。

バーモには戦車、装甲車、トラック、火器などおびただしい量の援蒋物資があった。写真は占領後に日本軍が破壊したもの。

中国へ退却する英印軍を追跡するためにジャングルを前進する日本軍。

日本の兵士に郷土玩具をみせて談笑するビルマの子どもたち。

ビルマ中国国境、英印軍基
地に奇襲をかける日本軍。

ビルマと雲南省国境の
山岳地帯を往く日本軍。

ビルマ義勇軍も日本軍
と共に戦った。

ビルマ上空で散った「加藤隼戦闘隊」飛行隊長

中国戦線の石家荘で愛機の前の加藤建夫隊長。

飛行64戦隊に隼が配備

加藤建夫は少尉任官時に歩兵から航空に転じ、早くから飛行機乗りとして頭角を現した。そして、日中戦争勃発から間もなくして中国の第一線での航空戦に身を投じた、歴戦の戦闘機パイロットである。

太平洋戦争の緒戦、陸軍航空隊は2個飛行集団に分かれ、欧米諸国の植民地侵攻作戦に従った。マレー・シンガポール作戦や蘭印作戦には第3飛行集団、フィリピン攻略には第5飛行集団である。

加藤建夫中佐が率いる飛行第64戦隊は緒戦では第3飛行集団の第3飛行団に属していた。同戦隊は戦闘機隊で、開戦に辛うじて実戦配備が間に合った1式戦闘機・隼が配備されていた（開戦時は他に

陸軍１式戦闘機「隼」。

ビルマ上空を飛行中の
飛行第64戦隊の「隼」。

第59戦隊のみ配備)。皮肉にもこの機体は、航空本部時代に審査に携わった加藤少佐が制式採用に反対したものであった。反対の理由は、97式戦と変わらない機銃2挺という軽武装であり、速度、旋回性能などが要求性能に及ばず、さらに機体強度の不足などもあった。

その一方、航続性能に優れていた機体であったため、すでに開戦に備えて計画が進んでいた南方攻略作戦に必要であるということが、採用に至った経緯であった。

採用には反対した加藤少佐だが、戦隊長となった自分の部隊に配備された以上、隼を自分が必ずものにしてみせると決意していた。制式採用直後の隼は、新型機特有の初期不良に悩まされ、機体強度の不足から空中分解事故も発生して

加藤隊長の愛機を整備する基地の隊員。

いた。このため隊員は、使い慣れた97式戦からの機種転換に不満を抱き、隼を敬遠した。しかし、戦隊長の加藤少佐は連日率先して自ら試験飛行を行い、初期不良の洗い出しに務め、ギリギリのアクロバット飛行を実施して、機体の限界を見極めていった。この様子を見た隊員たちも隼での慣熟飛行に取り組むようになり、同機の戦力化が進んでいった。

　このような取り組みのなかで、隊員たちは加藤少佐の技量、人徳、カリスマ性に心酔し、部隊内には「戦隊長のためなら死ねる」という意識が横溢し、結束が高まったのである。

加藤隊長ビルマに散る

　太平洋戦争が始まり、第64戦隊は隼を駆ってマレー半島に出撃、爆撃機の護衛に従事した。そして敵戦闘機の攻撃から味方爆撃隊を守ったことなどで戦隊は7回も感状を授与され、加藤戦隊長は昭和17年2月に中佐に昇進した。

　戦場がビルマ（いまのミャンマー）に移ると、第5飛行集団が従った。加藤隼戦闘隊は第5飛行集団の第7飛行団に移ってビルマ航空戦の一翼を担った。加藤隼戦闘隊はすでにマレー作戦におけるクアラルンプール航空戦など多くの空中戦闘で、約100機もの敵機を撃墜していた。

　しかしビルマ上空で相手となるイギリス航空部隊は強力だった。ビルマを奪われたとはいえ、植民地インドに多くの航空基地を抱えていたからである。

　加藤隼戦闘隊はビルマ南部アキャブ（いまのシトゥイ）に進出したが、昭和17年（1942）5月22日、偵察のため基地に侵入したブレンハイム中型爆撃機1機を追って、加藤隊長とともに5機が離陸した。海上に出たブレンハイム機に加藤は機銃を浴びせ撃墜したが、自らも被弾し、翼端からチョロチョロと火が出た。もう基地に戻ることはできない。

　その後の状況を部下の安田機と

昭和19年には藤田進主演で映画化もされた。

伊藤機は凝視した。200メートルの高度で加藤機はクルリと反転し機首が下を向いた。そしてそのまま真っ逆さまに海中に突っ込んだのだった。

それは、加藤隊長が部下に常日頃教えていた確実な自決法だった。最後まで勇敢・沈着を貫いた加藤は死後2階級特進して少将となり、生前の功績から「空の軍神」と讃えられた。

インド洋作戦

英東洋艦隊を撃破し日本がインド洋の制海権を奪取

インド洋作戦とは、インド洋からイギリスの東洋艦隊を追い払った海戦である。この海戦が行われたころ、日本陸軍はビルマへ進攻中だった。ビルマの首都ラングーンを占領した日本軍だが、今後も予定どおりビルマ攻略作戦を進めるためには海路からの軍需品輸送が不可欠だった。

当時、シンガポールを追われた英東洋艦隊の残存兵力（指揮官サー・ジェームス・ソマービル大将）は根拠地をインド洋のセイロン島（現スリランカ）やモルジブ諸島アッズ環礁に移していた。また、イギリス軍はビルマの日本軍を駆逐するために援助物資をカラチ（パキスタン南部）やインドのカルカッタに運び込んでいた。日本軍が海路からビルマへの軍需品輸送を行う場合、この英拠点をほうっておけば、必ず有力な英艦隊が日

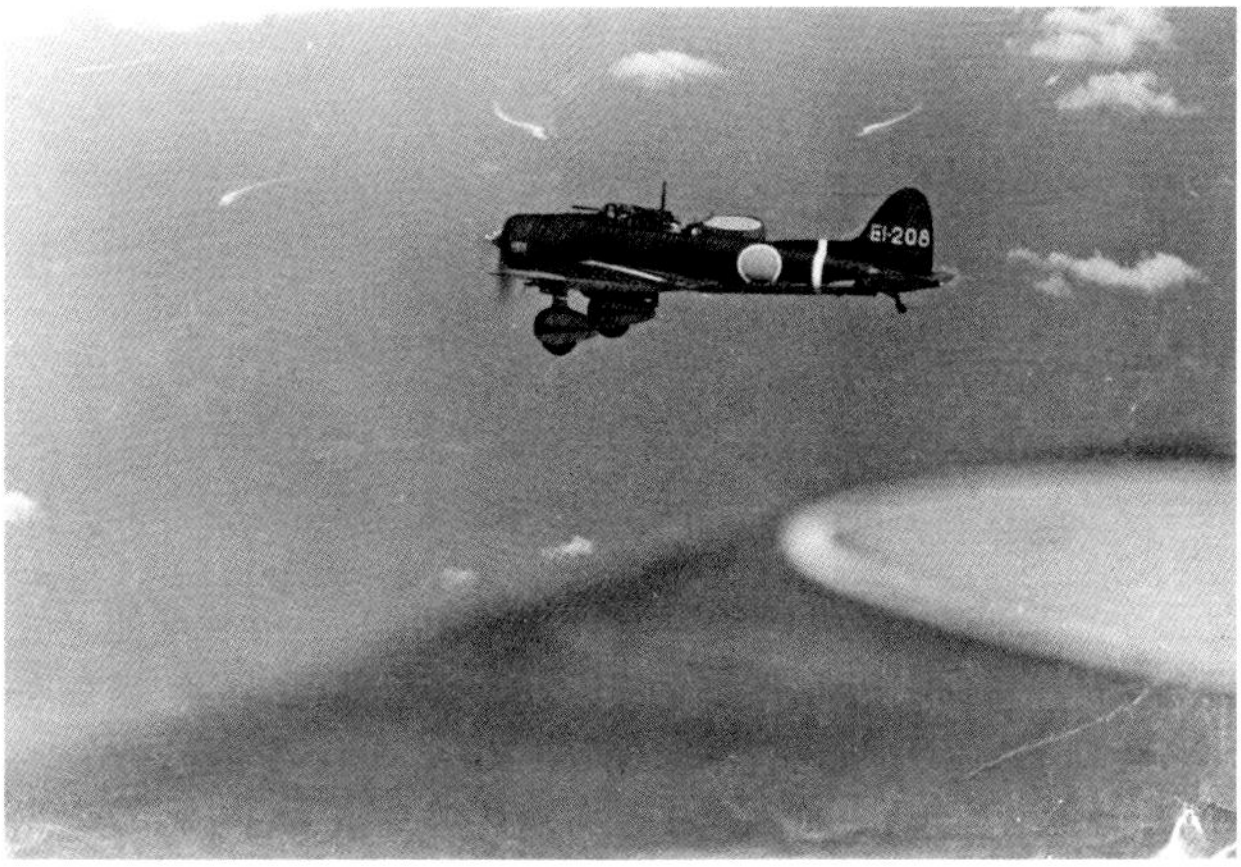

空母「赤城」を発進した99式艦上爆撃機。

日本軍機の爆撃を受け傾斜し始めた重巡「コーンウォール」。

日本軍の急降下爆撃隊によって爆煙に包まれた英重巡「コンウォール」及び「ドーセットシャー」。

本軍の輸送を阻止してくるはずである。つまりビルマを完全攻略するためには、事前にこのふたつの英軍基地と英東洋艦隊に打撃を与えておかなければならなかったのである。

当時インド洋に展開する英海軍は空母2、戦艦2、重巡3をはじめ、軽巡、駆逐艦も行動しており、沿岸の基地には約300機の航空機が配備されていると見られた。

昭和17年（1942）3月26日、セレベス島南東岸のスターリング湾に碇泊して訓練に当たっていた南雲機動部隊は、セイロン島へ向け出撃した。対する英側は日本艦隊がセイロン島奇襲を4月1日にしかけてくるという情報を米軍から入手し、戦艦5隻、空母3隻からなる機動部隊をマルダイブ諸島の秘密基地周辺に避難させていた。だが、日本艦隊は

横倒しになって沈没寸前の重巡「ドーセットシャー」。

4月1日になっても、翌2日になっても現れなかった。予定日が4月5日に変更されていたのである。

4月5日南雲機動部隊は予定どおりコロンボ空襲を敢行した。しかし、目当ての艦隊はそこにはおらず、攻撃隊は駆逐艦と仮装巡洋艦を1隻ずつ撃沈しただけだった。同じ日の午後、索敵機が英重巡「ドーセットシャー」と「コンウォール」を発見した。日本軍はただちに攻撃を開始し、わずか10数分で両艦を撃沈してしまった。

空母「ハーミス」を撃沈、インド洋を奪取

4月9日午前9時、南雲機動部隊は英軍の軍事基地であるトリンコマリーを空襲した。ところが日本軍の動きを察知した英軍は、事前にすべての艦船を退避させていた。

攻撃隊によるトリンコマリーの攻撃終了直後、南方海域で敵艦発見の報告が南雲機動部隊に入った。空母「ハーミス」と駆逐艦3隻であった。

午前11時43分、母艦を発進した艦

日本軍機から37発の命中弾を受け、炎に包まれて断末魔の空母「ハーミス」

爆隊長江草隆繁少佐指揮する第2次攻撃隊の艦爆85機と、零戦6機は、約1時間40分後に「ハーミス」を発見した。江草少佐は「全員突撃」を下命するやいなや、真っ先に「ハーミス」めがけて急降下攻撃に入っていった。

「ハーミス」を攻撃した45機（「翔鶴」18、「瑞鶴」14、「飛龍」11、「赤城」2）の命中弾は37発で、82パーセントもの命中率だった。

やがて「ハーミス」は沈没。さらに、駆逐艦、商船、補給艦などすべてを撃沈した。また敵戦闘機群をも次々に撃墜、トリンコマリーの敵基地も壊滅状態に追い込んでいた。こうして、南雲機動部隊はセイロン島攻撃作戦の目的を達成し、日本はインド洋の制海権を奪取した。

ウェーク島攻略作戦

アメリカの軍事拠点を日本海軍陸戦隊が占領

西太平洋上の米軍拠点攻略

太平洋戦争は、真珠湾攻撃、マレー半島上陸の2大作戦で幕を開けたが、同時に西太平洋上に浮かぶアメリカ軍拠点ウェーク島を占領する作戦も実行することになった。

ウェーク島は、日本領・南鳥島の東方約1400キロに位置し、ミッドウェー島、ハワイ諸島に近い戦略的に重要な拠点であった。ウェーク島攻略は、海軍南洋部隊の単独作戦であり、第4艦隊司令長官井上成美中将は、攻略作戦に梶岡定道少将率いる第6水雷戦隊を派遣した。

昭和16年（1941）12月8日、開戦当日、特設巡洋艦「金龍丸」「金剛丸」がクウェゼリン環礁を出撃した。一方の米海軍は戦略上重要拠点であると判断し、12月に入って防備の強化を急いだ。

日本軍に爆撃されるウエーク島。

12月10日、夜半、特設巡洋艦2隻はじめ攻略部隊がウェーク島に接近した。この夜は波が高く海面が荒れていたため、上陸は断念され夜明け以降に延期された。11日午前3時過ぎ、第6水戦の軽巡「夕張」以下駆逐艦6隻がウェーク島への艦砲射撃を開始。砲撃は、基地の燃料タンクを破壊、炎上させた。しかし、米軍の反撃も激しく、砲撃によって駆逐艦「疾風」が撃沈。攻略部隊は後退し島からの離脱を図った。しかし米戦闘機4機による爆撃と機銃掃射が加えられ、駆逐艦「如月」が撃沈。ウェーク島攻略部隊は、10時に作戦中止を決定した。

再開したウェーク島攻略作戦

ウェーク島攻略に失敗した井上中将は連合艦隊に、真珠湾から帰投中の空母部隊の派遣を要請した。連合艦隊は、第2航空戦隊、空母「蒼龍」「飛龍」をウェーク島へ派遣した。

米軍は空母「サラトガ」「レキシントン」「エンタープライズ」による反撃を企て、ウェーク島方面に出撃させた。3隻の空母は、同島１０００キロ付近まで接近したが、18日、キンメル大将は真珠湾の大損害の責により司令長官を解任されてしまった。太平洋艦隊は長官不在となり、結局、作戦は中止となり、3隻の空母は真珠湾へと帰投した。

12月21日、2航戦の空母2隻から艦載機約１００機による爆撃が行われた。その後、上陸部隊の海軍陸戦隊がウェーク島に上陸した。しかし、上陸成功後も米軍守備隊の抵抗は激しく、陸戦隊は多くの死傷者を出した。守備隊の制圧には、23日までかかり、ようやくウェーク島は占領された。

占領地域の皇民化政策

シンガポール昭南日本学園の授業風景。

植民地からの解放は形だけだった

大東亜共栄圏とは欧米諸国（特に大英帝国・アメリカ合衆国）の植民地支配から東アジア・東南アジアを解放し、東アジア・東南アジアに日本を盟主とする共存共栄の新たな国際秩序建設を目指した日本の構想であった。

太平洋戦争の開戦と同時に、日本は「大東亜共栄圏の建設」と「アジアの解放」を標榜して南方（現在の東南アジア）に侵攻し、大東亜共栄圏の真の姿を見せつけることになる。

オランダの圧制に苦しんでいた蘭印では日本軍は「解放者」として迎えられ、各地で盛大な歓迎を受けた。住民たちは日本軍への協力を惜しまなかったが、すべては独立のためだった。しかし、蘭印

日本統治下の南方ペナンで日本語を教える海軍兵。

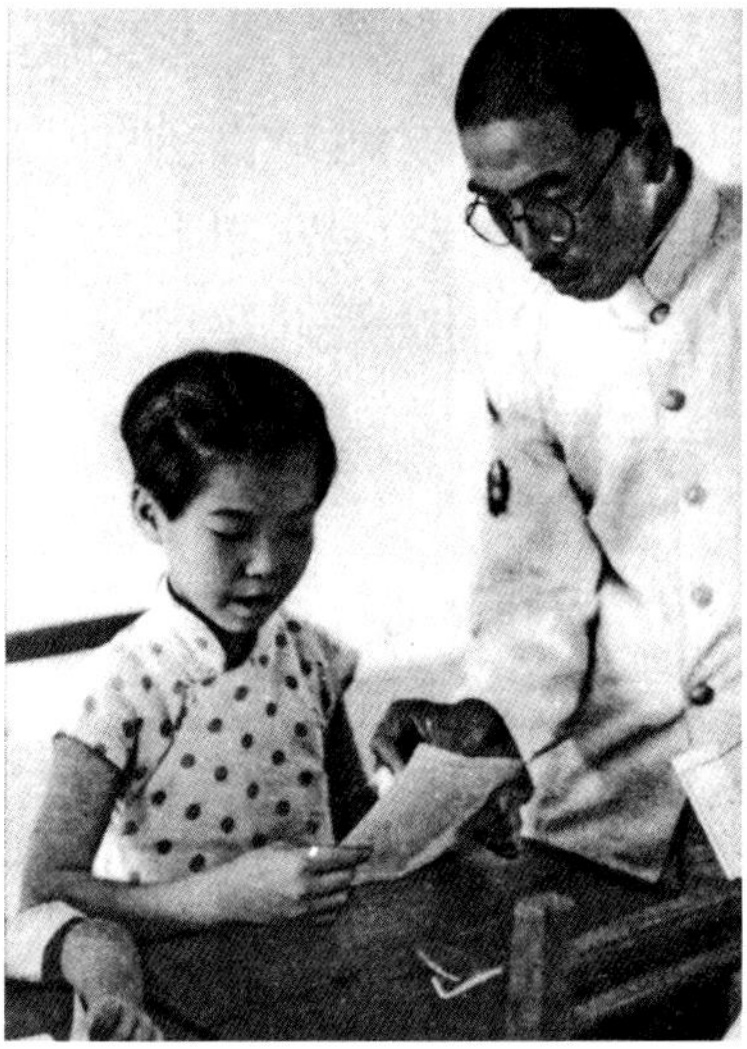

日本語を教えるなど日本軍は占領した各地で皇民化政策を行った。

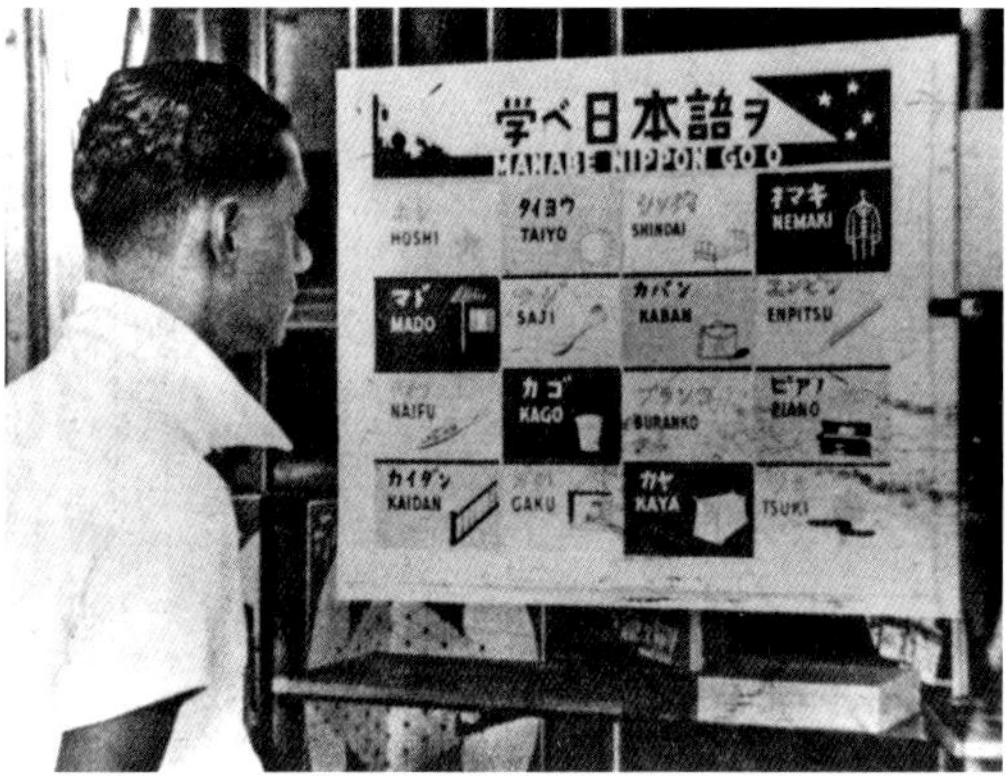

シンガポールでも日本語の習得が奨励され、街のショーウインドウには「学べ日本語ヲ」のポスターが張られている。

の資源地帯を直接支配したいがために、日本は独立を許さなかった。

　また、日本軍は占領した地域で他民族の皇民化に取り組んだ。皇民とは日本人のことで、つまり現地人たちを日本人化してしまおうというものだった。早くから支配していた韓国などでは皇居に向かって最敬礼することを義務化していた。そしてすべての地域で、母国語の使用を禁じ、日本語教育に力を入れた。そのために多くの日本語教師が海を渡っていった。すべての人間が日本語を話す時こそ大東亜共栄圏が完成するのだと考えていたのである。

　では被支配民たちが皇民化（日本人化）したところで、彼らが日本人と同じ待遇を受けたかというと、まったくそういうことはなか

ジャワの日本語学校で卒業証書を受け取る生徒たち。

った。大東亜共栄圏の盟主は日本であって、日本人はすべての民族の頂点だった。例えば満州では昭和15年から主食が配給制になっていたが、日本人には米とメリケン粉、朝鮮人には米とコウリャン、中国人にはコウリャンだけがくばられたように、民族の違いは歴然としていた。同様に南方の住民たちは労働力として強制的に徴用され、過酷な労働に従事させられることなどが当たり前のようにあった。

初めは日本軍を歓迎していた南方の人々もやがて日本軍に対する反乱を起こすようになり、大戦末期にイギリスやアメリカといった旧宗主国が侵攻してくると、日本軍に反旗を翻して以前の支配者たちに力を貸すことになるのである。このことから日本による支配と以前の欧米による支配のどちらが過酷だったかがわかるだろう。

日本語を学んでいるマレーの女性たち。

遥か南方・カビエングのカナカ族の
小学校でも日本語教育を行った。

ラバウル攻略戦

連合艦隊の根拠地トラック諸島防衛とオーストラリア方面への作戦の拠点としてラバウルはどうしても必要な場所だった

ラバウルを占領し航空部隊が進出

ラバウルはニューギニアのニューブリテン島ガゼル半島東側にある港町だ。日本から約５０００キロも離れたこの地には、当時オーストラリア軍の空軍基地があった。ラバウルから約１２００キロには連合艦隊のトラック泊地があったから、放置しておけばトラックが爆撃圏内に入ってしまう。加えてラバウルは地の利もよかった。ラバウルを拠点として確保し、強力な航空部隊を置けば、オーストラリア、ニュージーランド方面への作戦展開も可能になる。そ

日本軍の爆撃で炎上するラバウル港の輸送船。

ラバウルに上陸し、オーストラリア軍と対峙する日本軍。

ラバウルは大艦隊の泊地に適していた。

のため海軍は是が非でもラバウルを手に入れたかったのである。

昭和17年（1942）1月4日、6日、7日、16日にわたって、トラックを基地とする第24航空戦隊の陸攻がラバウル基地を爆撃した。しかし連合軍の反撃は激しく、このままでは上陸作戦は無理な状況となっていた。

こうして南雲機動部隊の登場となる。1月20日、ニューアイルランド島の北東方面に進出していた空母「赤城」「加賀」「瑞鶴」「翔鶴」の零戦・艦爆・艦攻108機は、ラバウルを攻撃。同時に周辺の基地も攻撃した。22日も再びラバウルを攻撃し、翌23日は陸軍の上陸部隊を零戦と99式艦爆48機が支援し、上陸作戦を成功に導いた。

占領してみると思った通りラバウ

ルは基地を置くにはもってこいの場所だった。大きく入り組んだ湾は大艦隊を収容するのに適していたし、飛行場や各種の軍需施設を置ける背後地もあった。

ここに航空隊が進出してきたのは昭和17年（１９４２）３月である。主力は台南航空隊の零戦隊で、以後翌年の昭和18年秋までに、零戦の第２０１、２０４、２５１航空隊など、12もの航空隊が集まり、ラバウルは南の前線基地となった。

火焔を衝いてラバウルの
残敵掃討に向かう日本軍。

アジアの民族運動と日本軍の謀略作戦

ビルマ独立運動の中心的存在だったバ・モー博士。

国家代表となったバ・モー博士によるビルマの独立宣言。

南方作戦と「アジアの解放」

南方作戦のおもな戦場は文字通り、当時南方という呼び方をされていた現在の東南アジア一帯である。南方は唯一独立国だったタイを除いて、すべて欧米の植民地となっていた。太平洋戦争開戦時、各地では独立への気運が高まりを見せており、民族運動の指導者たちも現れ始めていた。

南方作戦の大義名分を「アジアの解放」としていた日本軍は、このような民族運動に目をつけ、自分たちの南方作戦を有利に進めるために利用しようと考えた。いざ南方への進攻を開始した際に、各地で日本軍と戦うのは欧米人の指揮官と現地人の兵で編成された部隊が大半だったため、南方の人々を味方につけることができれば日

正式に発足したインド国民軍を閲兵するF機関員。

本軍にとって非常に有効である。しかも「アジアの解放」を宣伝することにもなる。そこで、日本軍はマレーやビルマで謀略工作を始めた。

各地で行った謀略作戦

日本軍が最初に進攻したマレー半島での工作の相手は、英印軍でイギリス人指揮官の下で戦ったインド人たちだった。工作に当たったのは藤原岩市少佐率いる「F機関」である。インドでは1930

インド独立運動家チャンドラ・ボース。

インド国民軍に演説するチャンドラ・ボース（右）。

年代にガンディーが登場し、独立への気運が急速に高まっていた。そのため反英的なインド人は多かった。

F機関はタイのインド独立連盟（IIL）と手を組んでインド兵の寝返り工作を進めた。インド独立への支援を約束し、寝返った兵隊でインド人部隊をつくるのである。その結果インド国民軍が結成され、シンガポール降伏時には総兵力5万の大部隊になっていた。司令官となっていた人物はマレー半島の要衝ジットラ・ラインの激戦で日本軍と相対したが、日本に寝返ったモハンシン大尉だった。

同様にビルマでも、鈴木啓司大佐率いる「南機関」が独立運動家に軍事訓練を施してビルマ国民義勇隊を結成させた。結果はマレーと同じように、ビルマ独立義勇隊は行く先々で増え続けた。ちなみに最高指揮官アウン・サンは、ミャンマー民主化運動で活躍するスー・チーの父である。

謀略作戦はいずれも大成功だった。ところが、軍隊をつくったはいいものの日本軍の首脳クラスは全く関心を示さなかった。それどころか捕虜同然に扱い、平気で雑役などに使おうとした。工作を行った謀略機関も同様だったかというと、実はそうではなかった。F機関や南機関は本気で彼らを独立

昭和18年バ・モー博士一行が来日した。写真は東条英機首相を表敬訪問した一行。

させるつもりでいた。しかし、日本軍首脳は許さなかったのである。インド国民軍もビルマ独立義勇隊も、日本軍にとっては単なる謀略の一環でしかなかった。

その後、ビルマ独立義勇隊とインド国民軍は対照的な扱いを受けることになる。チャンドラ・ボースがモハンシンに代わってインド国民軍の司令官となったからである。東条英機首相をはじめとする政府の要人たちは、ボースが来日した際に彼の人柄に魅了された。それ以降インド国民軍の待遇にはいくらかの改善が見られるようになった。一方、ビルマでは日本軍の厳しい扱いに対して、独立義勇隊は日に日に反感を強め、ついには抗日に転じるのである。

ドゥーリットル空襲
日本を震撼させた米軍の大胆不敵な奇策

爆弾に勲章を結びつける
ドゥーリットル中佐。

ドゥーリットル中佐(中央右)と空母「ホーネット」艦長のマーク・A・ミッチャー大佐。

空母「ホーネット」甲板上のB25爆撃機。

まったく予想していなかった米軍の本土空襲

昭和17年（1942）4月18日昼過ぎ、東京が米軍によって初めて空襲を受けた。まったくの不意打ちの攻撃だったので、国民はもとより、軍部と政府の受けた衝撃は非常に大きかった。

東京の沿岸約500マイル東の空母からB25爆撃機を発進させ、東京を空襲してそのまま中国の基地に向かうというこの作戦は、指揮官の名前をとって「ドゥーリットル空襲」と呼ばれる。指揮官はジェームズ・H・ドゥーリットル中佐である。

B25を日本近海まで運ぶ空母には「ホーネット」が選ばれた。ドゥーリットルは作戦開始を前にフロリダ州エグリン軍用飛行場の滑走路に、「ホーネット」の飛行甲板の長さと

同じ809フィート（約246メートル）に標示を付けて約1カ月間、発艦訓練を繰り返していた。

昭和17年4月18日、午前8時25分、ドゥーリットル中佐機を先頭に16機のB25機は約1時間かけて全機がホーネットから発艦した。飛行は順調で、日本の戦闘機に出会うこともなく日本本土への侵入に成功した。そしてドゥーリットル機を含む13機が東京上空に入って空爆をした。残り3機は名古屋、大阪、神戸に爆弾を投下した。

ミッドウェー作戦を後押しすることになったドゥーリットル空襲

空襲後のドゥーリットル隊は、当初の計画では日本を横断して中国の浙江省に降り、重慶にたどり着く予定であった。しかし出発点が150

空母「ホーネット」を発艦するB25爆撃機。

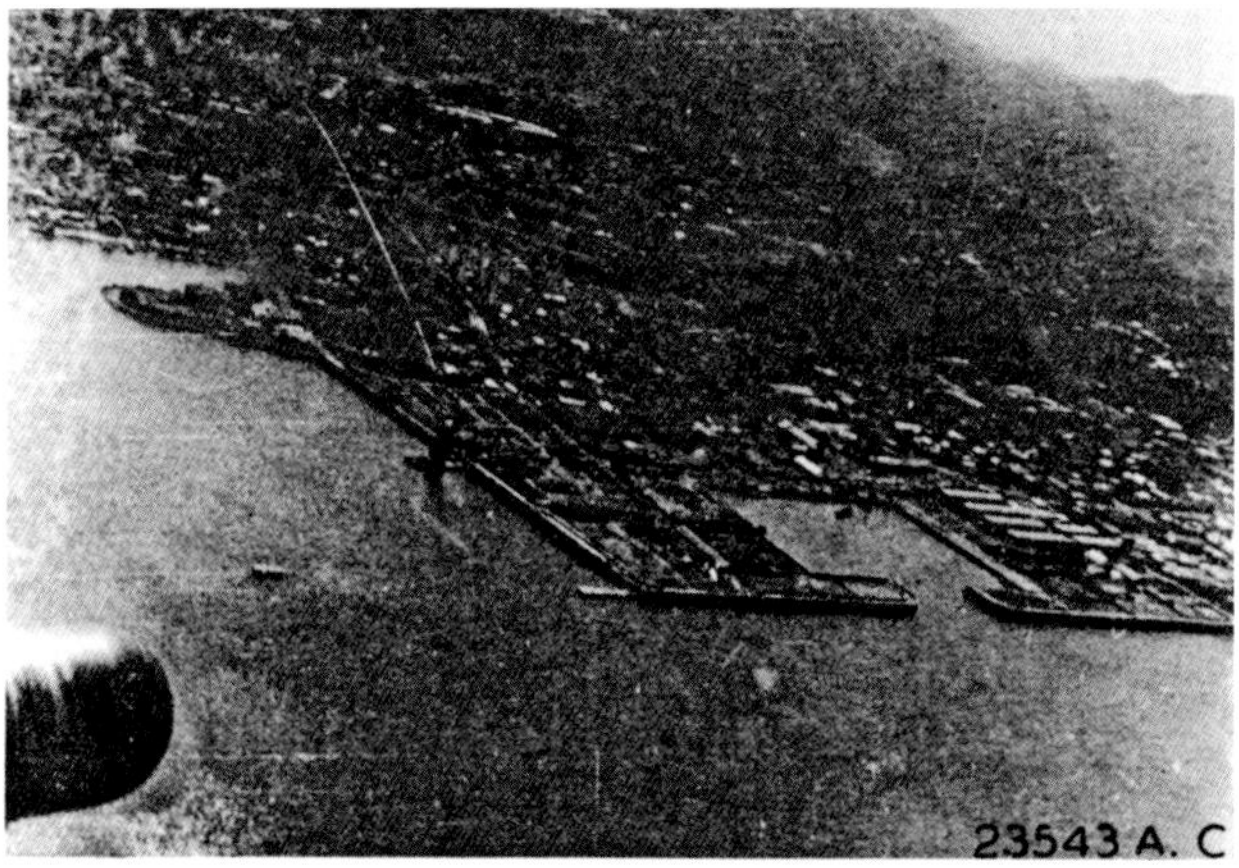

横須賀海軍工廠を爆撃するドゥーリットル隊。

日本に向かう
B 25爆撃機の編隊。

マイルも遠かったため、中国上空に達したときは夜となってしまった。B25は燃料も尽きてしまい、4機が不時着して大破、11機の搭乗員はパラシュートで降下した。また1機はウラジオストクへ向かい搭乗員はソ連に抑留された。

このドゥーリットル隊の空襲の被害は微々たるものだった。しかし、日本軍に与えた衝撃は大きかった。当時、連合艦隊司令長官山本五十六大将は、米機動部隊を叩くためのミッドウェー作戦案を軍令部に提出していた。しかし、真珠湾攻撃案のときと同様、軍令部は「危険が多すぎる」として認めようとしなかった。ところが、米機動部隊の脅威を実際に見せつけられたことによって、山本長官のミッドウェー攻略案は承認されることになったのである。

珊瑚海海戦
「戦術的勝利、戦略的敗北」と評された史上初の空母対空母の戦い

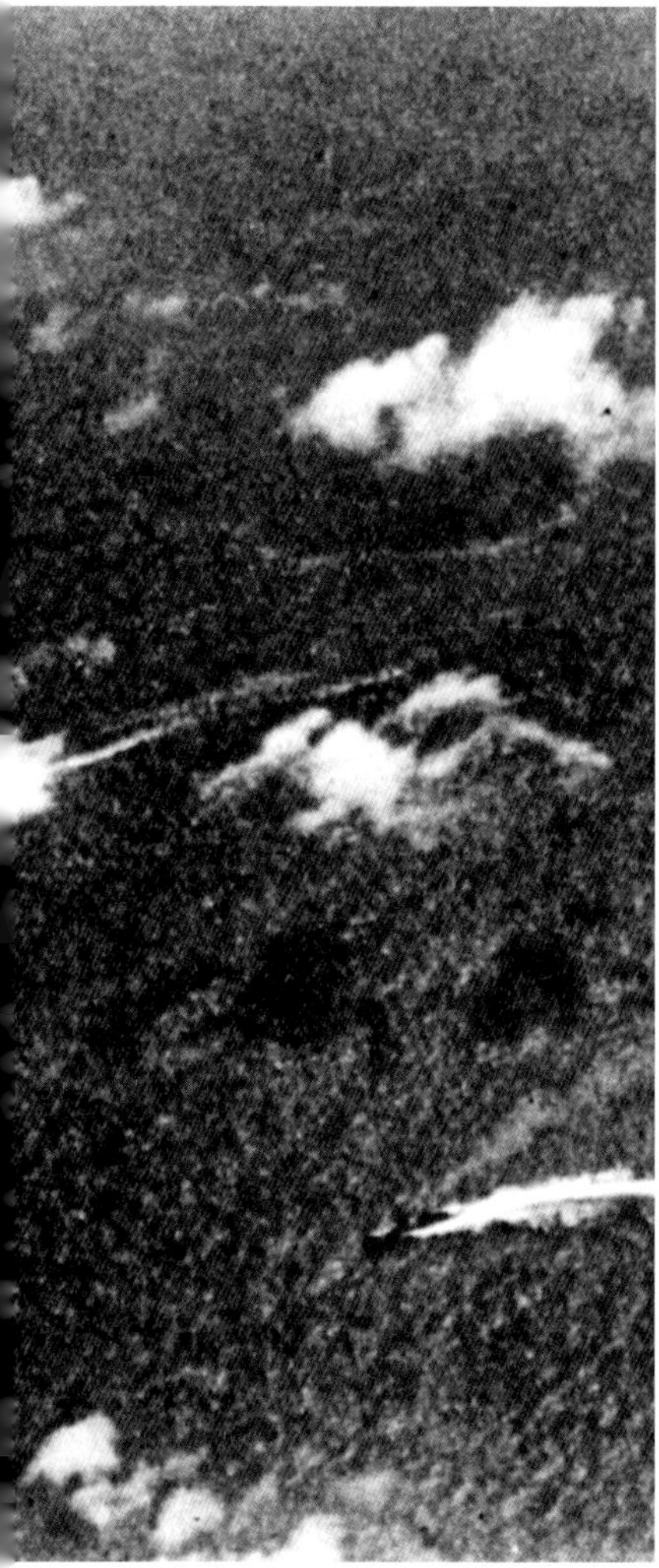

第４艦隊司令長官・井上成美中将。

米第17任務部隊フランク・J・フレッチャー少将。

米豪遮断を目的としたMO作戦

海軍の真珠湾攻撃、陸軍のマレー・シンガポール攻略の同時進行で開始された日本の対米英蘭戦争は、ボルネオ、ジャワといった南方資源地帯をも次々占領、日本の軍部の予想をしのぐ勢いで進行していた。そして日本軍が開戦前に立てた第１段作戦は、順調すぎる速さで完遂した。昭和17年（１９４２）４月21日、大本営は第２段作戦を決定した。オーストラリアが連合軍の反攻拠点となることを防ぐために米豪の連絡線を断つ、「米豪遮断」が主題の一つとなった。そのための作戦が東部ニューギニア南岸の要衝ポートモレスビー攻略である。加えてフィジー、サモアも占領し、米豪遮断を達成しようというのだった。

日本軍は井上成美中将率いる第４

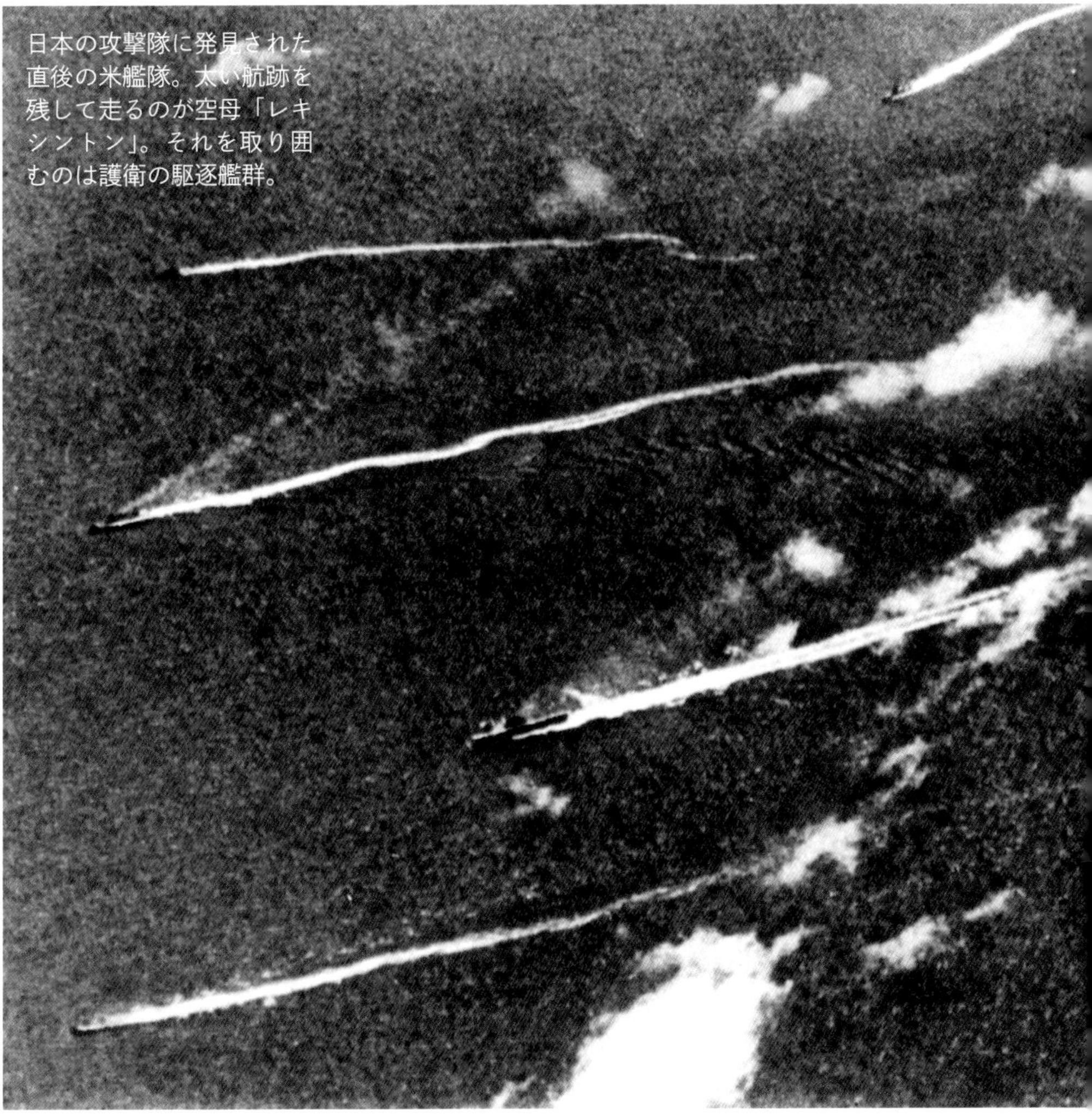
日本の攻撃隊に発見された直後の米艦隊。太い航跡を残して走るのが空母「レキシントン」。それを取り囲むのは護衛の駆逐艦群。

艦隊に、南雲機動部隊から第5航空戦隊（5航戦）の「翔鶴」「瑞鶴」が増援された「MO機動部隊」と、竣工したばかりの軽空母「祥鳳」を投入した「MO攻略部隊」という陣容で作戦に臨んだ。

作戦計画では、まずMO攻略部隊（MO主隊と援護部隊）がツラギ攻略部隊を支援し、ツラギ攻略後は機動部隊とラバウルの基地航空隊の援護のもとに、MO攻略部隊全力でポートモレスビーを攻略しようというものであった。

5月3日深夜、作戦の先陣をきってツラギ攻略が実施された。攻略部隊は何らの抵抗を受けることなく、あっさりとツラギを占領した。

一方、ハワイの米太平洋艦隊司令長官チェスター・W・ニミッツ大将は、日本海軍の暗号解読情報によっ

集中攻撃を受けて炎上する空母「祥鳳」。

て「ポートモレスビー攻略計画」を知り、迎撃準備を進めていた。ニミッツは空母「ヨークタウン」と「レキシントン」で新たに第17機動部隊を編成し、フランク・J・フレッチャー少将を総指揮官にあてた。

第17機動部隊の各艦艇は、5月1日に珊瑚海南東海上に集結した。3日の夕刻、日本軍のツラギ上陸を知るや、フレッチャー少将は燃料補給中の「レキシントン」部隊を残し、「ヨークタウン」(旗艦)を率いて北上、4日朝にツラギの日本軍水上基地攻撃を敢行した。

ツラギ攻略支援ののち北上中であったMO機動部隊は、米軍機来襲の報を受けるやただちにツラギに急行したが、米機動部隊を発見できなかった。そのとき、上陸部隊を満載したMO攻略部隊は、空母「祥鳳」と

米艦隊に襲いかかる日本軍の爆撃機。

ツラギ攻略部隊の輸送船を収容してポートモレスビーへ急いでいた。

史上初、日米空母部隊の激突

日米双方の機動部隊は、お互い敵の空母を求めて索敵機を飛ばしていた。そして5月7日早朝、双方とも敵の部隊を発見する。まず午前5時32分に日本の索敵機が「米空母1隻、駆逐艦3隻発見」の報告を入れた。「瑞鶴」「翔鶴」から合計78機の戦爆連合機が発進した。だが攻撃隊の目標地点に米空母の姿はなく、油槽艦「ネオショー」と護衛の駆逐艦「シムス」の2隻がいるのみだった。やむなく攻撃隊は2隻を攻撃、沈没させたのち全機が帰艦した。

一方の米機動部隊はラッセル島の南方にあり、進路を北に転じていた。午前6時15分、索敵機から「日本艦

隊発見！」の報が入り、「レキシントン」と「ヨークタウン」から戦闘機、雷撃機、爆撃機からなる合計93機の大編隊を発艦させていた。日本艦隊は「祥鳳」をふくむＭＯ攻略部隊であった。

米攻撃隊は「祥鳳」めがけて突進した。「祥鳳」は懸命に攻撃をかわそうとしたが避けきれず、魚雷７発、爆弾13発の命中弾を受けて９時33分、海中に姿を消した。乗組員６３６名が艦と運命をともにした。

「祥鳳」撃沈の報を受信した日本側は、何とか反撃しようとベテラン搭乗員のみの夜間攻撃隊を出撃させた。艦攻18機と艦爆12機の合計30機、78名の熟練搭乗員たちだった。だが目的の米空母を発見できず、逆に米戦闘機と遭遇して13機を失い、多くの熟練搭乗員を失ってしまった。

日米双方の攻撃機に対してお互い対空砲火の雨を降らせた。

原少将は8日午前4時過ぎ、艦攻7機を使って索敵を開始した。午前6時30分、「翔鶴」の索敵機が、米空母発見の第1報を送ってきた。2空母から合計69機の零戦、艦爆、艦攻が出撃した。攻撃隊は午前9時5分に米機動部隊の上空に達し、9時10分、「レキシントン」と「ヨークタウン」に突撃を敢行した。「レキシントン」には爆弾5発、魚雷2発が命中し、3カ所から火災が発生した。やがて「レキシントン」は大爆発を起こして12時45分、乗員200余名、艦載機36機とともに沈没していった。「ヨークタウン」も命中弾1発、至近弾2発を受けて大きな損傷を被っていたが、戦闘を続けていた。結局、日本の攻撃隊は「ヨークタウン」にとどめを刺せずに帰途についた。

米空母「レキシントン」は総員退去命令が出され、将兵たちが艦から脱出をはじめた。

日本の攻撃隊が米空母を攻撃しているころ、空母「翔鶴」も米軍機の熾烈な攻撃にさらされていた。「レキシントン」と「ヨークタウン」から飛び立った戦闘機、雷撃機、爆撃機からなる82機は、8時30分に攻撃態勢に入った。「翔鶴」は3発の命中弾を浴びたが、航行は可能であった。だが甲板の損傷で攻撃機の発着艦が不可能になり、飛び立っている攻撃機の収容を「瑞鶴」にまかせて戦線を離脱した。その「瑞鶴」は、うまくスコールの中に身を隠し、攻撃をまぬがれた。

この空母同士の初の激突で、日本は正規空母の「レキシントン」を撃沈するという戦果を上げたが、日本もまた「祥鳳」と多くの攻撃機を失った。残存機は零戦24機、艦爆9機、艦攻6機のわずか39機にすぎず、修

日本軍機の攻撃で火災を起こした米空母「レキシントン」の飛行甲板。

爆発をはじめた米空母「レキシントン」。

理可能と見られるもの17機であった。

MO作戦の総指揮官である井上中将は、ポートモレスビー攻略作戦の無期延期を決定した。連合艦隊司令部は追撃を督促したが、すでに米機動部隊は戦場を離脱していた。そして、この史上初の空母対空母の戦いは、正規空母1隻を撃沈した日本側の勝利といわれたが、のちに米軍が「日本は戦術的には勝利したが、戦略的には敗北した」と評する。それは日本側が多くの飛行機と熟練搭乗員を失ったことを指して言ったものである。

ミッドウェー海戦
解読されていた日本の暗号 主力空母4隻を失う大敗北に

ミッドウェー島目指す米空母「エンタープライズ」と「ヨークタウン」。

山本長官の構想から決まったミッドウェー作戦

真珠湾奇襲攻撃以来、連戦連勝の連合艦隊ではあったが、司令長官である山本五十六大将は米機動部隊が健在であるかぎり、いつかは日本本土が空襲されると考えていた。米軍の本土空襲を阻止するためには、米機動部隊を壊滅させる以外に方法はない。山本が開戦前にまわりが反対するのにもかかわらず、強引に真珠湾攻撃を行ったのも、そこが米太平洋艦隊の根拠地であったからである。しかし、真珠湾攻撃日には空母は1隻もおらず、討ち漏らしてしまった。その米機動部隊を撃滅するために山本が立案したのがミッドウェー作戦だった。

山本の作戦案は、海軍の総力を投入して米軍基地ミッドウェー島を占領する。その際出動してくるであろう米艦隊・機動部隊を撃滅する、というものだった。しかし、海軍の作戦を統括する軍令部は反対だった。ミッドウェーは戦略的価値も低く、その上遠距離にあるため占領後の維持が困難である。また、敵機動部隊が出撃してくるという保証もないというものだった。島の攻略部隊派遣を要請される陸軍も、ほぼ同じ理由で反対の立場をとっていた。

　だが、山本は引かなかった。「もしこの案が通らなければ長官を辞任する」と、真珠湾攻撃計画のときと同じ〝奥の手〟をちらつかせたのだ。この山本のゴリ押しが軍令部に勝りミッドウェー作戦は行われることになった。

　山本は、ミッドウェー攻略作戦で米機動部隊を撃滅できなくても、米機動部隊は必ずミッドウェーを奪回にくると考えていた。つまり、ミッドウェーを占領してさえいれば、米機動部隊を撃滅するチャンスは訪れると見ていた。こうして山本提案のミッドウェーとアリューシャン攻略の同時作戦は4月15日に裁可され、6月上旬実施と決定された。

米軍に筒抜けだった日本の作戦計画

　米軍は、日米開戦前から日本の暗号解読に取り組んでおり、この頃にはかなりの部分の解読ができるようになっていた。

　昭和17年（１９４２）5月5日、日本の軍令部は連合艦隊に対してミッドウェー作戦に関する正式な作戦命令を下した。連合艦隊は「陸軍ト協力シＡＦ及ビＡＯ西部要地ヲ攻略スベシ」という内容である。ＡＦはミッドウェー、ＡＯはアリューシャン列島の地名略語であった。

　ハワイの暗号解読班は、5月初旬から頻繁に使われ始めたこのＡＦとＡＯに注目した。日本軍の暗号の癖から、ＡＦとＡＯが占領目的地であることを解読すると、次はＡＦがどこであるかを検討した。

　暗号解読班は過去に傍受した日本海軍の通信文のなかで「ＡＦ」が使われていたことを思い出し、それがミッドウェーの可能性が強いと予想した。暗号解読班はＡＦがミッドウエーであるという確信を得るために、ミッドウェー島の守備隊に「ミッドウェーでは蒸留装置の故障で真水が不足している」と、平文の電報をハワイの司令部へ発信した。この平文を傍受したウェーク島の日本軍は、

母艦上で出撃前の訓示を受けるパイロットたち。

「AFは現在、真水が欠乏している」と東京へ打電。日本軍はまんまと米軍の罠にかかったのである。

さらに米軍は暗号の解読を進め、ついには日本軍のミッドウェー作戦の概要をほぼつかんでしまった。空母4隻が参加することを知ったニミッツ長官は珊瑚海海戦で大破し、修理に3カ月はかかるはずの空母「ヨークタウン」の修理を「3日間で済ませよ」と命令した。そして、実際に3日間で修理を完了させ、すでにミッドウェー海域に向かっている「ホーネット」と「エンタープライズ」と合流させたのだった。

日本の第1次攻撃隊ミッドウェー島攻撃に出撃

1942年（昭和17）6月5日の攻撃開始を目指して、南雲忠一中将率いる第1機動部隊（第1航空艦隊）は5月27日に広島湾を出撃した。旗艦の空母「赤城」をはじめ、参加する艦艇は150隻、航空機1000機以上、参加将兵数も10万人を超えるという史上空前の作戦である。ただし真珠湾攻撃のときとは違って、将兵の多くは作戦の内容を知っていたし、この日が日露戦争の日本海海戦で完勝した日の海軍記念日でもあったから、真珠湾攻撃に出撃したときのような緊張感も悲壮感もなかった。

一方の米軍はミッドウェー島を守備する2438名の海兵隊と、ミッドウェー海軍基地隊の1494名。旧式の急降下爆撃機や哨戒機を含む121機の航空機である。空母群はスプルーアンス少将率いる「エンタープライズ」「ホーネット」を中心とする第16任務部隊と、珊瑚海海戦

母艦を発艦した攻撃機。

で大破したフレッチャー少将の「ヨークタウン」の3隻だった。日本側の空母が4隻であるから、単純に兵力を比較してみると日本が有利であった。

日本側は山本五十六連合艦隊司令長官自らが率いる「主力部隊」も出撃していた。戦艦「大和」を旗艦とした戦艦7隻の第1戦隊である。しかし、その場所は南雲機動部隊の約300海里も後方だった。

実態は「空母炎上」の報を受けても身動きすらしなかった無用の艦隊ではあった。

6月4日、その「大和」の連合艦隊司令部に、大本営から「敵機動部隊らしきものがミッドウェー方面に行動中の兆候があり」との情報が届いた。山本は首席参謀の黒島亀人大佐に「機動部隊に転電するか」と尋ねた。しかし黒島は「傍受されているでしょう、無線封止を破ってまで知らせる必要はないでしょう」と答え、山本はそれに従った。

しかし南雲中将座乗の空母「赤城」は、航空母艦のため艦橋が低く、アンテナの位置も低いためにこの大本営電を傍受できなかった。山本と黒島の重大ミスである。

米機動部隊の行動など知らない南雲機動部隊は、6月5日午前4時30分(現地時間、以下同じ)、予定どおりミッドウェー島北西390キロの地点で、友永丈一大尉(飛龍飛行隊長)率いる第1次攻撃隊を発艦させた。97式艦攻36機、99式艦爆36機、制空隊の零戦36機からなる108機であった。

この第1次攻撃隊の出撃と前後して、機動部隊は空母「赤城」「加賀」

から97式艦攻各1機、重巡「利根」「筑摩」から零式3座水偵各2機、戦艦「榛名」から95式3座水偵1機の計7機が索敵に発艦した。ただし利根4号機はカタパルトの故障で30分遅れで発艦した。何ともお粗末な索敵・哨戒態勢であった。同じ頃、すでに米軍の哨戒機は上空にあり、その数も23機と南雲部隊を圧倒していた。

そして南雲は4空母に残った艦上攻撃機（艦攻）には敵艦隊攻撃用の800キロ魚雷を、艦上爆撃機（艦爆）には250キロ爆弾を装着、第2次攻撃隊（全108機）として待機させた。

「第2次攻撃の要あり」で兵装転換に追われる艦上機

第1次攻撃隊は発艦2時間後の午前6時15分過ぎ、ミッドウェー島上空に達した。眼下の滑走路に米軍機の姿はない。すでにこのとき米軍の偵察機は日本の艦隊を発見し、基地の飛行機は全機が上空に退避するか、日本艦隊攻撃に出動していたからである。

ただし27機の戦闘機が上空で日本の攻撃隊を邀撃し、護衛の零戦隊と激烈な空中戦を展開した。戦闘は明らかに零戦隊の方が優れ、米戦闘機は15機が撃墜か行方不明になり、基地に戻った12機のうち7機が大破、どうにか飛べるのは5機だけだったという。

日本の攻撃隊は激しい対空砲火のなか、基地施設に爆撃を加えた。しかし飛行機の発着を不可能にするには滑走路の破壊は不十分と見た。友永大尉は機動部隊に打電した。

「第2次攻撃の要あり」

この短い電文が、やがて南雲機動部隊の命運を決するのである。

一方、ミッドウェー島を飛び立った米哨戒機は午前5時30分、日本の機動部隊を発見し、基地のシマード中佐は前述したように一部の戦闘機を上空直掩に残し、他の飛行機は日本の機動部隊攻撃に出動させていた。そして日本の攻撃隊が島の上空に来襲するや、米機動部隊に向けて「日本の艦上機来襲、攻撃中！」を打電した。

報告を受けたスプルーアンスは「エンタープライズ」と「ホーネット」の攻撃隊に出撃を命じた。そして午前7時2分、雷撃機28機、爆撃機68機、F4F戦闘機20機の合計116機が発艦した。

この艦上機隊の出撃とほぼ同時刻

の午前7時過ぎ、ミッドウェー基地から発進した米軍機が次々と南雲機動部隊の上空に到達、攻撃を開始した。米軍機はアベンジャー雷撃機にドーントレス急降下爆撃機、あるいは陸軍の爆撃機B17やマーチン・マローダー爆撃機ありと、雑多な飛行機50数機が1時間余にわたって間断なく攻撃してきた。しかし米軍機は上空掩護の零戦隊に次々撃退され、日本の空母に被害はなかった。

この間、日本の艦上攻撃機は友永大尉からの「第2次攻撃の要あり」という報告で、艦艇攻撃用の雷装をはずし、陸上攻撃の爆装に転換する作業が終わりつつあった。

そうした最中の午前8時過ぎ、索敵の利根機から、ミッドウェー島北方に「敵らしきもの10隻見ゆ」という報告が入った。「赤城」の艦橋に緊張が走った。それまで機動部隊司令部には、ミッドウェー海域に米空母はいないのではないかという思いが支配的だったからだ。

司令部は利根機に「艦種知らせ」と指令し、まもなく利根機から「敵兵力は巡洋艦5隻、駆逐艦5隻なり」と返電があった。ところが午前8時30分、利根機から第3報が入った。

「敵はその後方に空母らしきもの1隻ともなう」

「赤城」の艦橋は衝撃につつまれた。甲板に待機しているのは再度ミッドウェー島を爆撃するため陸用の800キロ爆弾に兵装を換えたばかりの97艦攻36機と、2航戦の99艦爆（急降下爆撃機）36機のみである。護衛の零戦はほぼ全機が敵機の迎撃に飛び上がっている。

南雲中将は艦攻隊に魚雷装備の再転換命令を出した。800キロ爆弾をはずして再び魚雷を装着するのだ。簡単な作業ではない。

米急降下爆撃機の奇襲で火焔に覆われる3空母

このとき「飛龍」艦上の2航戦司令官・山口多聞少将から「現装備のまま攻撃隊ただちに発進せしむを正当と認む」という厳しい調子の発光信号が南雲中将宛に送られてきた。先手必勝、とにかく爆弾でもいいから一時も早く敵空母を攻撃すべしというのだ。

しかし南雲長官も草鹿参謀長も、そして航空参謀の源田実中佐も護衛の戦闘機がいないことを理由に、山口少将の意見具申をにぎりつぶした。兵装転換でごった返す各空母に、

大混乱の米空母「ヨークタウン」の飛行甲板。

米軍の急降下爆撃機。米軍機の突然の飛来に日本軍機動部隊は大混乱に陥った。

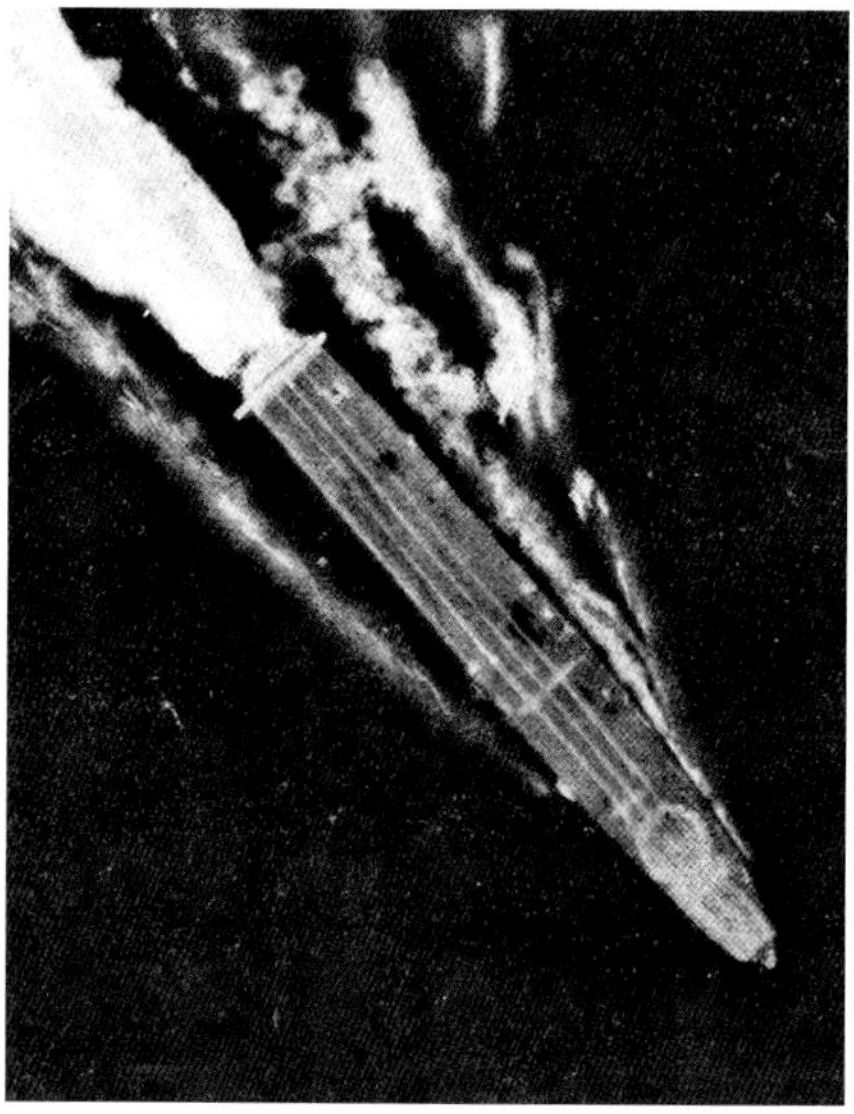

米軍機の爆撃を全速31ノットでかわす空母「赤城」。

第1次攻撃隊が戻ってきた。各機はすでに燃料切れ間近のため、各空母は攻撃隊を収容しなければならない。魚雷への兵装転換を終え、甲板に並べられていた第2次攻撃隊機は格納庫にいったん下ろされる。甲板上は混乱の極に達した。

このとき、米艦上機群はすでに日本の機動部隊を発見し、攻撃態勢に入っていた。日本の空母の見張り員も午前9時半前には米攻撃隊を発見し、零戦隊は邀撃に入った。そして米3空母の雷撃機を次々撃墜し、空母も巧みな操艦ですべての魚雷を回避していった。機動部隊の各艦橋に安堵の色が浮かぶ。

兵装転換に追われた第2次攻撃隊の準備がやっと整った。「赤城」「加賀」「蒼龍」「飛龍」の雷撃機54機、艦爆36機、零戦12機の合計102機

の大編隊になる。

「第2次攻撃隊、発進準備急げ」

　午前10時20分、発艦が開始された。同時に断雲の間から、突如、急降下爆撃機SBDドーントレスの編隊が「加賀」上空に現れ、急降下に入った。低空の米雷撃機を追いまわしていた零戦隊は、ドーントレス機に対応できない。

　ドーントレス機はまず「加賀」に投弾を開始した。続いて「赤城」と「蒼龍」にも襲いかかった。「加賀」には25機（4発命中）、「赤城」に5機（2発命中）、そして「蒼龍」には17機（3発命中）が殺到した。「飛龍」は後方に離れていたため、まだ攻撃の対象にはなっていない。

　日本の3空母はたちまち火焔に覆われ、発艦寸前だった攻撃機に次々引火、燃料が爆発して凄まじい炎を

「ヨークタウン」は2本の魚雷が命中し沈没した。

上げ始めた。まさに奇襲、あっという間の出来事だった。3空母の機能は完全にマヒし、戦闘力を失った。

南雲中将は草鹿参謀長らの説得で軽巡「長良」に移乗し、航空戦の指揮はまだ健在な「飛龍」の第2航空戦隊司令官・山口多聞少将に代わった。時に午前11時30分だった。

艦と最期をともにした指揮官

唯一残された「飛龍」座乗の山口少将は、ただちに艦長の加来止男大佐とともに小林道雄大尉指揮の第1次攻撃隊99艦爆18機、零戦6機を発進させた。午後12時頃、小林隊は「ヨークタウン」を発見するやF4F戦闘機が迎撃するなか果敢に突撃、10機を失いながらも3発の命中弾を与えた。

午後2時40分頃、小林隊に続いて発進した友永大尉率いる飛龍第2次攻撃隊97艦攻10機、零戦6機が、まだ健在の「ヨークタウン」を発見した。そしてF4F機の迎撃と対空砲火のなか、2本の魚雷を命中させて葬り去ることに成功した。だが、早朝のミッドウェー島攻撃で愛機の主翼に被弾していた友永大尉は、片道燃料で出撃し、ついに母艦に帰ることはできなかった。

最後まで生き残っていたその母艦の「飛龍」も、「エンタープライズ」と「ホーネット」の急降下爆撃機40機の襲撃を受け、戦闘力を失ってしまった。

加来艦長は総員退去を命じた。参謀たちは山口司令官と加来艦長の退艦も強力に求めた。だが、二人は笑顔を見せながら、傾斜の激しくなった「飛龍」の艦橋に入っていった。

空母「飛龍」と運命を共にした山口多聞少将と賀来止男大佐。

翌6月6日午前5時10分、「飛龍」は駆逐艦「巻雲」によって自沈処理され、二人の指揮官とともに海中に姿を消した。

一方、最初に攻撃を受けた「加賀」は全艦を炎につつまれ、5日の午後7時26分、大爆発を起こして沈没し、「赤城」は6日午前4時50分、駆逐隊に雷撃処分され、「蒼龍」は5日の午後7時15分に沈没した。「大和」を旗艦とした戦艦7隻を中心とする連合艦隊主力部隊は、このとき、南雲機動部隊の後方約300海里の位置にとどまるだけで、「空母炎上」の報を知っても前進することはなく、「作戦中止」を命令し、退却した。

ミッドウェー作戦の失敗は、情報、暗号解読の危険性を認識できなかったこと、目的があいまいだったこと、さらに索敵の失敗（重要視せず、発進遅延、見落とし、索敵コースのはずれ、発見位置の誤認、報告の不手際）、航空作戦指導、艦隊編成などさまざまな原因があげられている。また兵装転換による戦術ミスは、以前にも見られたにもかかわらず、また同じ失敗を繰り返していたのである。そして、ここで失った貴重な戦力はその後ばん回することはできず、日本軍は敗退への道を突き進むのだった。

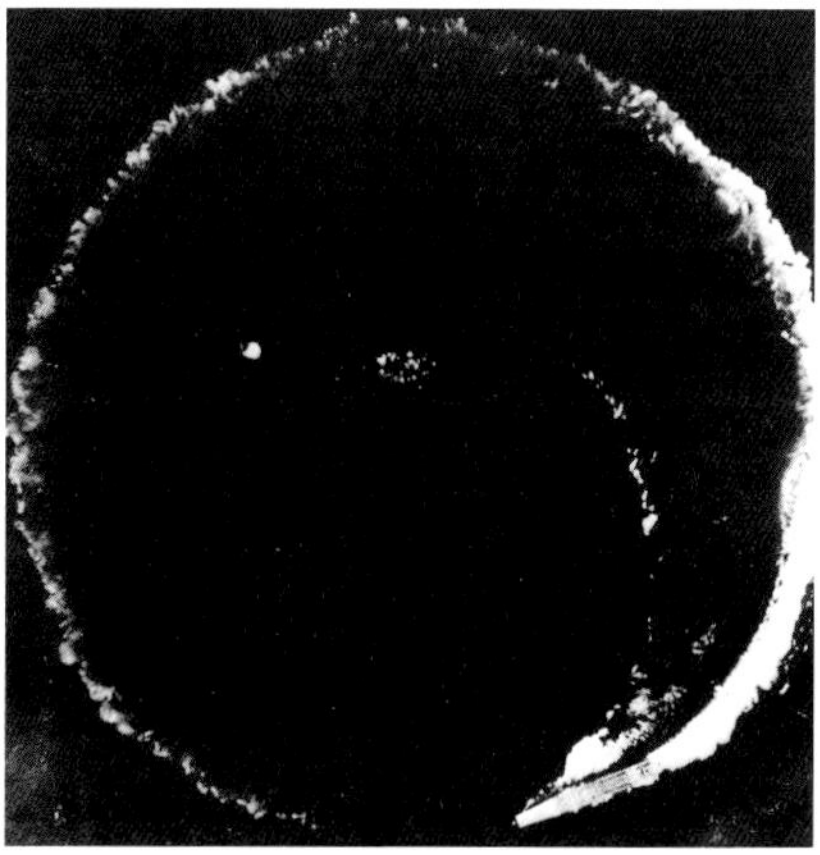

舵が利かなくなり大きく弧を描く「赤城」。

ガダルカナル島の戦いはじまる

米軍の本格的反攻開始となったガダルカナル島の戦い

飛行場完成直後、突如米軍が上陸

日本から南へ約６０００キロ、オーストラリアの北東部、赤道を越えた南緯5度から11度にわたって点在する大小無数の島々からなる列島群がある。ソロモン諸島だ。ガダルカナル島はその諸島の南端部に位置し、東西１４０キロ、南北45キロほどの蝶のサナギのような形をした島である。ガダルカナル島の略称は「ガ島」であるが、いつのまにか「餓島」と書かれるようになっていた。日本軍にとってミッドウェー海戦につづく大敗北のガダルカナル島作戦は、まさに兵士たちにとって飢餓との戦いだったからである。

　ガダルカナル島の争奪戦は、昭和17年（１９４２）8月から翌昭和18年2月までの半年間、日米両軍が可能な限りの戦力を投入し、一大決戦

日本軍からの攻撃がないことに米軍は不思議がった。それもそのはずで、この時、ガ島には飛行場の設営隊500名の兵士しかいなかったのである。

日本海軍がガダルカナル島に建設した飛行場。日本軍はルンガ飛行場と呼んでいた。この飛行場をめぐって日米は半年間の死闘を行うことになる。

旗艦「マッコーレー」の艦内で地図を広げ、ガダルカナルの敵前上陸作戦を話し合う米海兵隊首脳たち。

を展開した。そして、その結末は日本軍にとって言語に絶する悲惨なものとなった。

日本軍はガダルカナル島に延べ3万名あまりの兵力を投入した。しかし、かろうじて撤退できたのはおよ

そ1万名で、2万名以上の将兵が、この島で命を落とした。制空権のない日本軍は、ガダルカナル島に対しての食料などの補給を行うことができなかった。2万1000名余といわれる死者の3分の2は、飢餓による栄養失調やマラリアなどの病気が原因といわれている。

最初にこの島を占領したのは日本海軍の陸戦隊で、ミッドウェー海戦から10日後の昭和17年6月16日だった。ミッドウェー海戦で敗れた日本海軍は、第2段作戦における米豪遮断を企図したFS作戦（フィジー、サモア島の攻略）を中止し、代わりにラバウルの前進基地としてガダルカナル島に飛行場建設をはじめた。ラバウル以南に飛行場を持たない日本軍にとって、ガダルカナル島に飛行場をつくる必要があるとの判断からで

海兵の上陸部隊に続いて物資の揚陸作業がはじめられた。

上陸用船艇からガ島へ上陸する米海兵隊。

ある。飛行場が完成すれば、基地航空隊の力で米豪の通商を遮断できると考えたのである。

　ところが徴用人夫と住民をかりたてた突貫作業で、ほぼ滑走路ができあがった8月7日、アメリカの海兵隊約1万9000人がガダルカナル島奪回のために上陸してきた。皮肉なことに、この日、ラバウルから戦闘機隊と陸攻機隊が到着するはずだったが、悪天候で延期になったところへ、突如として米軍の艦砲射撃が開始されたのだった。

　このとき、ガ島守備の陸戦隊はわずか150人。飛行場はたちまちアメリカ側が占領、米軍はこれをヘンダーソン飛行場と名付けた。ミッドウェー海戦で勝利を収めた米軍の本格的な反攻のはじまりであった。ジャングルに逃げこんだ日本軍は散発

上陸した米軍はただちに
進撃を開始した。

日本軍の設営隊の宿舎を無傷のまま手に入れた米軍はさっそく倉庫として使うことにした。

米軍の上陸に先立つ艦砲射撃で破壊された日本軍設営隊のトラック。

的なゲリラ活動をとることしかできなかった。

敵をみくびり全滅した一木支隊

大本営は歩兵第28連隊を送りこんで、飛行場を奪回することにした。連隊長の一木清直大佐の名をとって一木支隊というが、約2000人のこの部隊は二手に分かれてガダルカナルに向かい、一木隊長ら先遣隊が8月18日にタイポ岬に上陸した。

日本陸軍は開戦以来負けを知らない。ミッドウェー作戦の上陸部隊になるはずだったのに、海戦の惨敗で引き返す途中、ガダルカナル行きを命じられた一木大佐は「このまま、おめおめ帰れぬところであった……」と大喜びした。そして、陸軍の伝統的戦法である肉迫攻撃で夜襲をかければ、簡単に飛行場を取り返

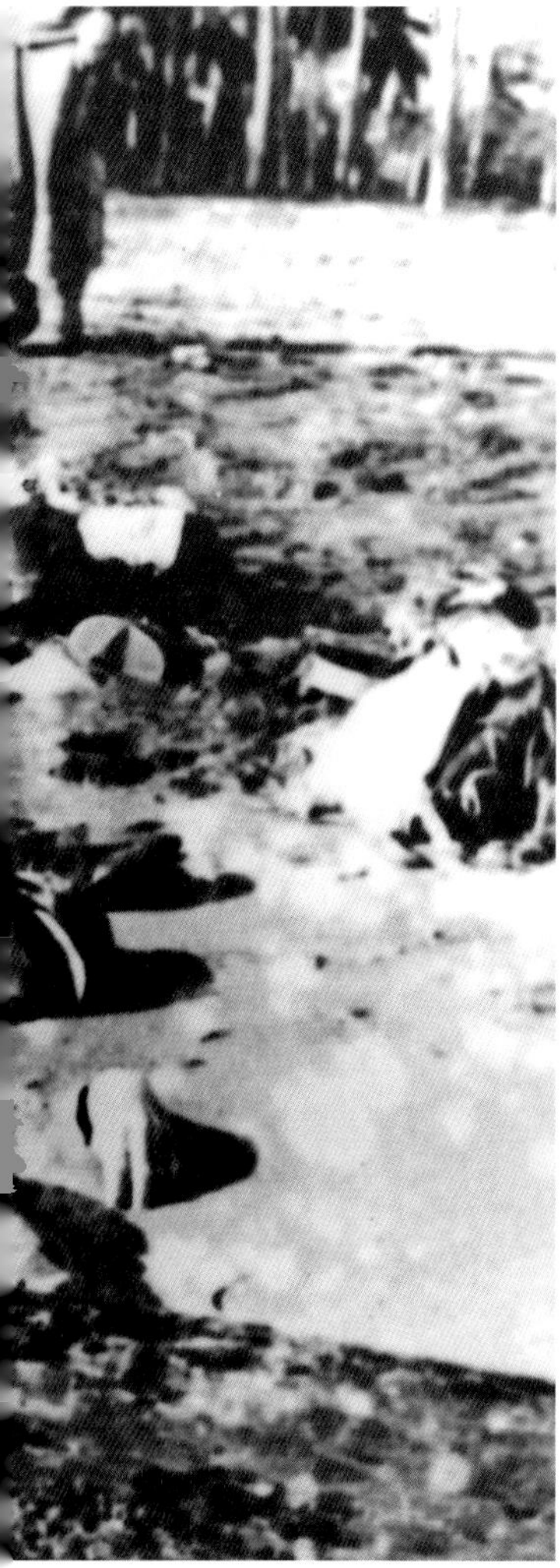

日本の設営隊が無傷のまま残していった製氷工場は、米兵たちの最大のプレゼントとなったという。

日本の製氷工場は米兵のためのアイスクリーム工場となった。「トージョー・アイス・カンパニー」と看板に記してある。

せるという自信があった。

一木支隊先遣隊は8月21日、飛行場奪回のため夜襲をかけた。しかしあえなく全滅した。盧溝橋事件の際、現場の大隊長だった一木大佐は、その後の支那事変の戦場で勇名を馳せ、陸軍歩兵学校の教官を歴任するなど、練達した実戦指揮の待ち主と見なされていた。もちろん中国の戦場に限っての話だが、当時の陸軍は、米軍は中国軍と同じ程度かあるいはそれよりも弱いと信じきっていた。

それぐらいだから、一木大佐が900名足らずの先遣隊で飛行場奪回に自信を持ったとしても仕方がないことだった。一夜にして全滅とは考えもしないことであった。

問題は「米軍兵力約2000名」という、一木支隊に与えられていた情報である。それは、なんの根拠も

飛行場への突撃を試みて
全滅した一木支隊の将兵。

ない推測に過ぎなかった。米軍の公刊戦史には、「一木支隊が飛行場に脅威を与えたことは一度もなかった。驚くばかりの少数兵力で海兵隊を攻撃したことは、情報機関の欠陥か、しからずんば敵側の過大な自信を示したものである」と記されている。

一木支隊を攻撃した米軍の戦車。一木支隊は米軍の砲火を浴びて次々と斃れていった。

第1次ソロモン海戦

米軍のガ島上陸の報を受け出撃した第8艦隊は日本海軍得意の夜戦で連合軍艦隊を制した

夜陰に乗じての奇襲作戦が成功

ガダルカナル島に上陸した米軍の兵力は、空母3隻、戦艦1隻、重巡11隻、駆逐艦31隻、輸送船23隻、上陸部隊2万人という大規模なものだった。この情報はガダルカナル島から1000キロ西にあるラバウルにある海軍の航空隊本部にすぐに伝わった。日本軍はこの上陸部隊を攻撃するために、零戦17機と1式陸攻27機をガ島に出撃させたが、大きな戦果を上げることはできなかった。

またラバウルには新たに設けられたソロモン諸島防備を任務とする第8艦隊（三川軍一中将）がいた。重巡5隻を中心とした第8艦隊は、「米軍ガ島上陸」の報を受けると、ただちに出撃した。

第8艦隊は、翌日（昭和17年8月8日）の夜、ガ島沖に到着した。午後

第8艦隊は得意の夜戦で次々と命中弾を浴びせていった。

日本軍は強力な探照灯で敵艦隊を照らし出し攻撃を続けた。

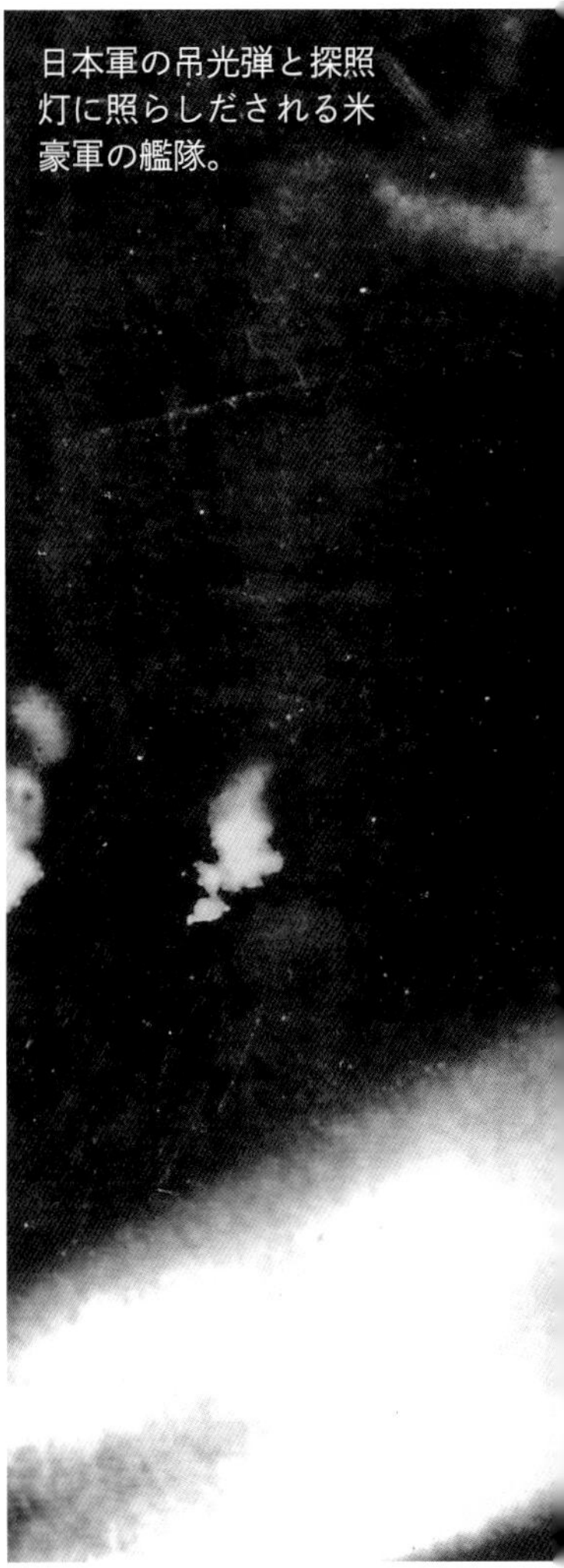

日本軍の吊光弾と探照灯に照らしだされる米豪軍の艦隊。

9時、艦隊は3機の水上偵察機を発進させた。戦闘開始と同時に敵艦隊の頭上に吊光弾を落として照らし出すためである。午後10時、艦隊は「総員戦闘配置」に就くと、旗艦「鳥海」を先頭にして速力30ノット（時速約56キロ）で、単縦陣をつくって一挙にガ島とサボ島の間の狭い水道に突入した。

午後11時、三川中将は「全軍突撃」を命じた。いっせいに魚雷が放たれ、偵察機の吊光弾が敵艦船の頭上で次々と炸裂する。砲撃も開始された。日本の攻撃は奇襲のかたちとなり、日本軍が勝利した。米豪軍は重巡6隻のうち4隻を撃沈され、1隻が大破となった。対する日本軍は砲弾や魚雷の命中はあったが、航行に支障の出る艦はなかった。

夜戦を得意とする日本軍は、この

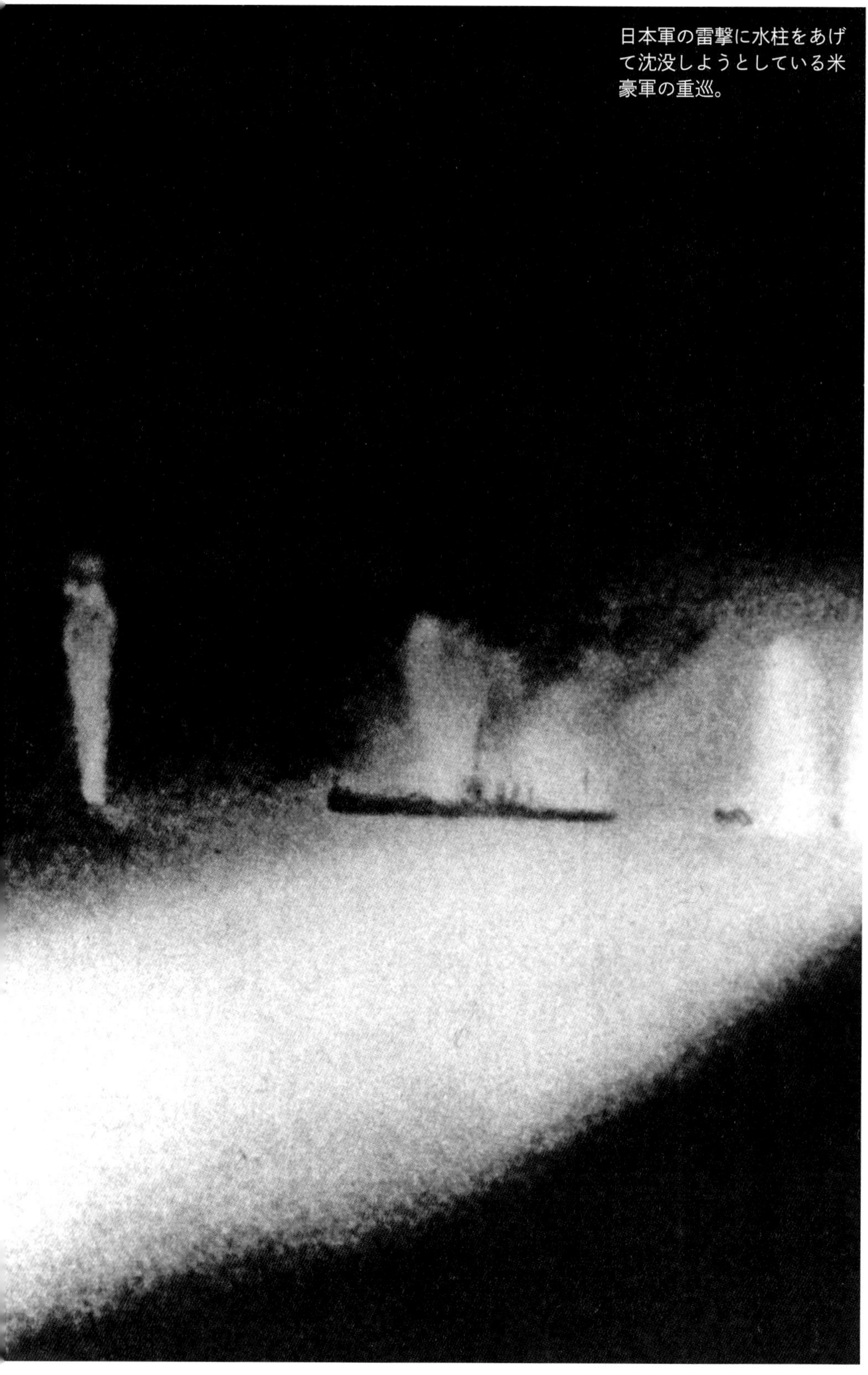

日本軍の雷撃に水柱をあげて沈没しようとしている米豪軍の重巡。

海戦から一夜明け、炎上する豪重巡から乗組員を救助する駆逐艦。

第1次ソロモン海戦でも夜陰にまぎれて奇襲する作戦が成功した。連合軍の軍艦はすでにレーダーを積んでいたが、レーダー自体がまだ未熟で、日本艦隊を探知することができなかった。日本軍は敵探知の電波を発射するのはかえって味方の位置を知らせることになるため、レーダーの採用に消極的だった。夜戦での敵艦発見はすべて見張員の目視によるもので、高度に訓練された日本海軍の見張員の肉眼が、まだ実用化の途上だったとはいえ、連合軍の科学の力を上回っていたのである。

第8艦隊は敵空母からの航空攻撃を避けるため、海戦が終わるとただちにラバウルに帰港した。本来の目的は輸送船団の撃滅だったが、果たすことができず、連合軍にガ島の橋頭堡を築かれてしまった。

伊19潜水艦の雷撃を受けた米空母「ワスプ」。

第2次ソロモン海戦
日米機動部隊同士の対決は日本側の七分の勝利となった

空母「エンタープライズ」に大損害を与える

ガダルカナル島を奪回するためにガ島に上陸した一木支隊の先遣隊916人はガ島タイポ岬に上陸したが、戦力で上回る米軍の前に全滅してしまった。

そこで一木支隊の残り1000人を上陸させることにした。この上陸を援助するために日本軍の機動部隊は（第3艦隊司令長官・南雲忠一中将指揮）出撃した。日本軍の機動部隊は大型空母「翔鶴」「瑞鶴」と小型空母「龍驤」を中心に、戦艦「比叡」「霧島」「陸奥」と重巡9隻などで編成されていた。

一方の米軍もガ島への日本軍の上陸を阻止しようと、可能な限りの航空兵力を集めていた。空母「サラトガ」「エンタープライズ」「ワスプ」

第2次ソロモン海戦に参加し、沈没した空母「龍驤」。

艦爆隊が投じた250キロ爆弾が空母「エンタープライズ」の甲板で爆発した瞬間。

を基幹に、第17任務部隊のフランク・J・フレッチャー少将が指揮をとってガ島の東方海面に展開し、日本軍を待ち構えていた。

8月24日、空母「龍驤」、重巡「利根」、駆逐艦「時津風」「天津風」からなる機動部隊支隊は、艦攻6機・零戦15機を発進させ飛行場を空襲させた。

日本の機動部隊による攻撃に米軍のフレッチャー少将は驚いた。〝日本軍の機動部隊は現れない〟との情報を得ていたフレッチャー少将は空母「ワスプ」を燃料補給のために、珊瑚海の島々の補給基地へ南下させていたのだ。そのため、米機動部隊は2隻の空母で日本軍と戦うことになった。

フレッチャー少将は直ちに「サラトガ」からSBDドーントレス急降

3本の魚雷が命中し大爆発を起こし炎上する米空母「ワスプ」。

ソロモン海を航行する日本艦隊。

下爆撃機30機、TBFデバステーター雷撃機8機の航空隊を出撃させた。米攻撃機は午後2時頃、日本軍の機動部隊支隊の空母「龍驤」に襲いかかった。

「龍驤」はまず艦尾エレベーター後方に500ポンド爆弾が命中し火災が発生。さらに急降下爆撃で2発が命中。雷撃隊は右舷後方に魚雷1本を命中させた。これにより「龍驤」は動けなくなり、その後沈没した。

南雲忠一中将率いる日本の機動部隊本体が米機動部隊を発見したのは午後12時過ぎである。空母「翔鶴」「瑞鶴」から艦爆27機、零戦9機が発進し、午後2時20分、空母「エンタープライズ」を中心とする米艦隊を発見、攻撃を開始した。

米艦隊はレーダーで日本軍攻撃隊の接近を探知しており、F4F戦闘機30機が上空で待ち構えていた。急降下爆撃の態勢に入ろうとした日本軍の艦爆6機がたちまち撃墜されてしまう。それでも日本軍の攻撃隊は「エンタープライズ」の飛行甲板に250キロ爆弾を3発命中させた。このうち2発は甲板を貫通して下士官室で炸裂し、火災を発生させた。「エンタープライズ」は損害を受けながらも24ノットで航行できた。

同じころ「エンタープライズ」から出撃した米攻撃隊が日本の機動部隊攻撃のために出撃していた。しかし、米攻撃隊は日本の空母「翔鶴」「瑞鶴」を攻略することができず、かわりに水上機母艦「千歳」を攻撃し大破炎上させた。

これが第2次ソロモン海戦で、損害は日本軍の方が大きかった。空母「龍驤」を失ったうえに零戦30機、

ソロモン海の戦いでは、米空母「ワスプ」を撃沈するなど、潜水艦部隊も活躍した。

伊19潜水艦の魚雷は10キロ近く離れた駆逐艦「オブライエン」（写真）と戦艦「ノースカロライナ」にも命中した。

艦爆23機、艦攻6機、水偵2機を失った。一方の米軍は空母「エンタープライズ」が修理に2カ月前後かかる損傷を受けたほか、艦上機20機を失った程度だった。

伊19潜、米空母「ワスプ」を撃沈

空母決戦では「エンタープライズ」をわずかに損傷させただけだった日本軍だったが、潜水艦部隊が大きな戦果を上げている。

昭和17年9月15日午前11時43分、ニューヘブリデス諸島のエスピリッサント付近で、伊号第19潜水艦が米空母「ワスプ」を雷撃した。6本発射した魚雷のうち3本が命中し、「ワスプ」は大爆発を起こして炎上した。火災は治まらなかったため総員退艦が命じられ、午後6時過ぎに駆逐艦「ランズダウン」の魚雷によって処分された。潜水艦が空母を沈めたのは太平洋戦争中では最初で最後のことだった。

伊19潜が放った魚雷のうち、外れた3本はその後も水中を移動し続け、「ワスプ」から1万メートル離れた距離にあった戦艦「ノースカロライナ」と駆逐艦「オブライエン」に命中した。「ノースカロライナ」は喫水線下に10メートルほどの亀裂が生じた。「オブライエン」は船体を激しく損傷し、米本土へ修理に向かう途中沈没した。

ガダルカナル島の攻略、日本軍の総攻撃

物資補給を絶たれ、飢餓地獄の中で戦った日本軍将兵

川口支隊と第2師団の派遣

一木支隊などを指揮する第17軍の百武晴吉軍司令官は、一木支隊先遣隊の敗報をなかなか信じなかったという。そして次に打った手は、川口支隊（支隊長川口清健少将）の派遣だった。単純に兵力が足りなかったのが敗因という分析だったのである。

第18師団の歩兵第124連隊が中心の兵力約5400名である。一木支隊本隊もこの川口支隊とともにガ島へ上陸した。両者合わせて一木支隊先遣隊の約7倍である。

川口支隊は、支隊長と連隊長岡明之助大佐との意見が合わず、支隊長ら本部要員など本隊は輸送船で、岡大佐と第2大隊だけは大発（小型舟艇）で用心深くラバウルからソロモン諸島の島伝いに進んだ。まことに奇妙な話ではある。上陸地点はエスペランス岬である。おかげで舟艇組は以下に述べる支隊の総攻撃に間に合わなかった。

川口支隊は機関銃のほか、高射砲2門、野砲4門、速射砲4門などそれなりの装備をしていたが、7000名の部隊としては微々たるものである。

飛行場近くの高地（ムカデ高地）に布陣した支隊は、9月12日夜に攻撃を開始した。隣の小島ツラギからも増援部隊を呼び寄せ、待ち受けていた米軍は日本軍の攻撃が始まると照明弾を打ち上げ、戦場を真昼のように明るくして夜襲を封じた。川口支隊の突撃進路には無数のマイクロフォンを置き、そこを通ると米軍に正確な位置を知らせる結果となった。

それでも13日も続けられた夜通しの反復攻撃で、一部は飛行場南部の米軍幕舎近くまで進出した。米軍はこの部隊に対して、わずか150メートルの距離で10センチ榴弾砲1992発を撃ち込んだという。

川口支隊の総攻撃もここまでで、

大きな犠牲を払って敗退した。支隊の戦死632名、戦傷505名、行方不明75名（後日戦死確認45名）、実に2割を超える損害を被ったのだ。米軍も参加兵力の2割に当たる143名の死傷者を出したが、米軍は十分に余力があるのに、川口支隊にはすでに第二矢を放つ余裕はなかった。武器弾薬もそうだが、肝心の食糧がなくなっていたのである。ガ島の将兵たちには確実に飢餓が襲いかかろうとしていた。

川口支隊と共にガ島に上陸した青葉支隊。米軍相手にわずか2000の兵力では少なすぎた。

米軍は日本軍にはなかったブルドーザーなどの重機を使って工事を進めていった。

飛行場に鉄条網を張り巡らせる海兵隊員。鉄条網だけではなく音を拾って日本軍の接近を察知するマイクロフォンなども設置され、飛行場の守りは鉄壁になっていった

米軍は現地人の警官を使って日本軍の動きを常に監視していた。

日本軍の総攻撃は失敗に終わった。戦闘が終わってみるとおびただしい数の日本兵の死体が横たわっていた。

第2師団の投入と総攻撃

2度にわたる思わぬ敗北に、第17軍は当然として大本営陸軍部も色めき立った。不名誉を一気に返上しようとして思いついたのが1個師団をガ島に送りこむことだった。局地戦で師団を派遣することは、「絶対に勝つ」との意思表示であった。戦略単位とされる師団の実力を、大本営は疑わなかった。

選ばれたのはジャワ島に駐屯していた第2師団だった。仙台に司令部があり、開戦初期は蘭印（オランダ領東インド。今のインドネシア）攻略に参加し、占領後、そのまま駐屯していたのである。

第17軍司令部と丸山政男中将が指揮する第2師団約1万名余りが10月3日から12日にかけてタサファロング岬、エスペランス岬、カミンボ湾に上陸した。

彼らがタサファロング岬に上陸すると、川口支隊の生き残りが、ジャングルの中から飢えと病気でやせ衰えた姿で近寄り、物乞いを始めた。彼らに対する補給はこの1カ月間まったくなかったのである。ガ島はすでに餓島に変わりつつあった。

第2師団は、同行した大本営参謀辻政信少佐の指導もあって、飛行場の背面から攻撃する計画をたて、ジャングル内に迂回路を建設することになった。当初はなかった計画だったから、ツルハシとシャベルくらいしかなかったが、それでもなんとか造り上げた。師団長の名をとって丸山道と命名された。

ところで、師団の武器弾薬・食糧を積んだ輸送船が徹底的にねらわれた。こうならないように海軍は事前

総攻撃で捕虜になった日本兵。この後の展開を考えると、捕虜になった兵の方が幸せだったかもしれない。

陸軍の総攻撃を援護するためにラバウルからガ島へと向かう海軍航空隊。

に戦艦「金剛」「榛名」をガ島近くに進出させ、飛行場を砲撃させた。人や施設を焼き尽くす焼夷弾を900発も撃ち込み、飛行場一帯は火焔に包まれた(10月8日)。

そのすきに輸送船団はタサファロング海岸に到着した(10月9日早朝)。米軍は生き残った飛行機をかき集め、滑走路を応急整備して出撃した。その結果、輸送船3隻が沈没、3隻は揚陸をあきらめてショートランドに引き返した。

この結果、第2師団の武器弾薬は確実に半減、20日分の食糧も半減した。師団の総攻撃は輸送船が沈められてから2週間あまり後の10月24日だったが、最前線の将兵は疲労困憊し、加えて満足な食事が与えられなかったのである。餓えつつある師団の攻撃が、どんなものになるのかは想像することができる。

総攻撃は川口清健少将指揮する支隊生き残りの部隊も参加したが、総攻撃直前、川口が辻参謀に戦術上の意見具申を行ったことから、即座に解任された。攻撃直前なのに、まったく統率はとれていなかったのだ。

総攻撃の結末は惨憺たるものだった。米軍は例によって最前線に無数のマイクロフォンを設置し、日本軍の動きをつかみ、狙いを定めて集中砲撃した。幸運にもそれを突破した部隊は、ピアノ線などを使った防御陣地に進撃を阻まれた。当夜が豪雨だったことも、何の利点にもならなかった。

翌日も総攻撃は続けられたが、結果は同じだった。こうして、大本営が満を持して送りこんだ第2師団も簡単に跳ね返された。

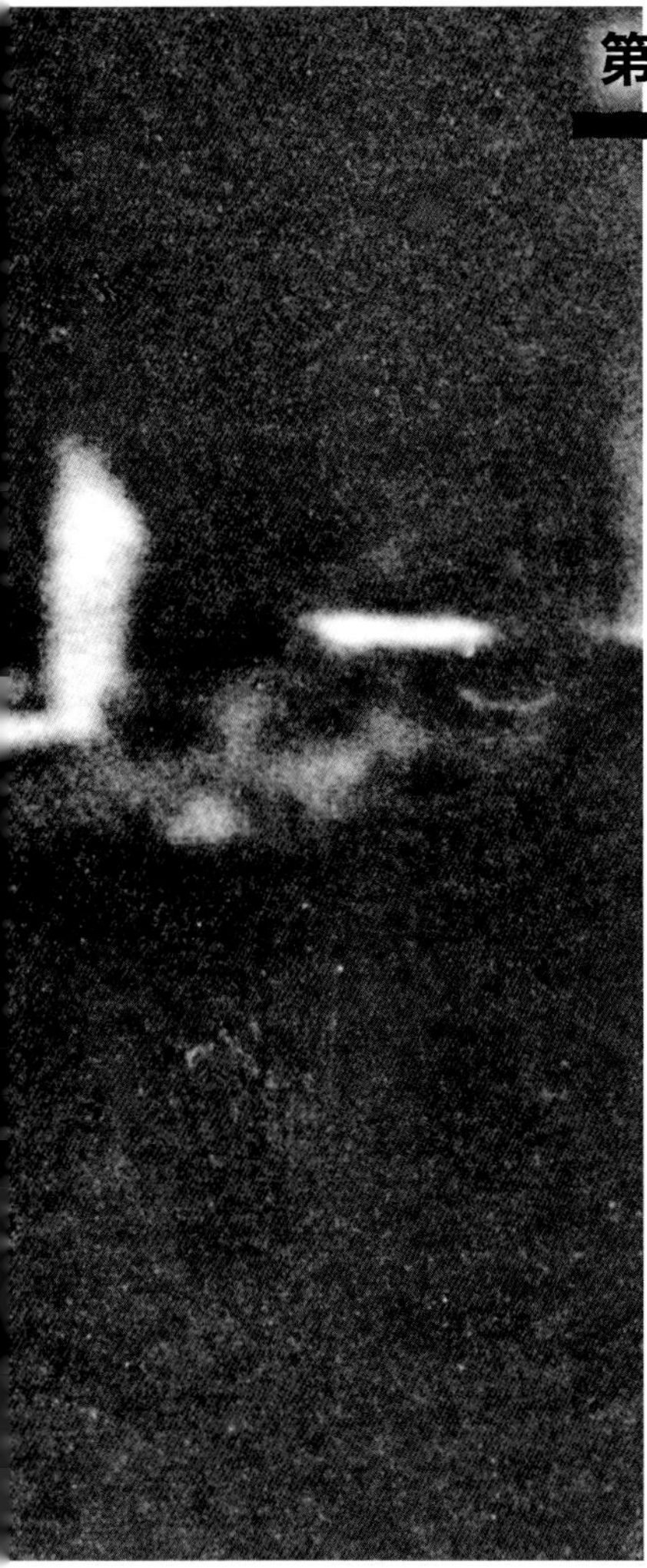

サボ島沖夜戦
米軍の新兵器レーダーに敗れた海戦

サボ島沖夜戦を戦った第６戦隊の旗艦「青葉」。米軍のレーダー射撃により大破した。

日本海軍のお家芸が通じない戦い

第2次ソロモン海戦の後日米の機動部隊が戦うまでには2カ月の空白期間があった。この間、ガ島には川口支隊（指揮官・川口清健少将）の約6000人が上陸し、飛行場奪還を目指したが失敗した。その後、第2師団（師団長・丸山政男中将）が上陸し、飛行場の奪還を目指して満を持していた。そんな時期に起きたのがサボ島沖海戦である。

昭和17年（1942）10月11日夜、ガ島に上陸した第2師団に食糧弾薬などを届ける輸送船団の護衛隊がサボ島沖で米艦隊と遭遇した。

サボ島を過ぎたとき、旗艦「青葉」が突然砲撃を受けた。「青葉」は味方の誤射と思い僚艦に発光信号を送ったが、その直後「青葉」の艦橋に砲弾が直撃した。「青葉」に続いて

サボ島沖夜戦で米軍の砲撃を受ける日本艦隊。

重巡「古鷹」も集中砲火を浴び大火災となった。夜間にもかかわらず米軍の射撃は正確だった。米軍はレーダーと艦砲を連動させた照準装置を実戦配備していたのである。当時、日本の艦船にはレーダーはなかった。日本軍は重巡「古鷹」が沈没し、軽巡1隻、駆逐艦1隻が損傷した。

日本軍も照明弾を打ち上げ、見張員の目視を頼りに反撃し、駆逐艦1隻を撃沈、重巡や軽巡、駆逐艦などに損害を与えた。

日本海軍は長期間、夜間の猛訓練を実施して、夜戦をお家芸にしていた。しかし、新兵器であるレーダーを使った射撃は夜目と違い、訓練次第で誰でも正確にできるようになるというのも利点である。以後、日本海軍の得意とする「夜戦」の意義が失われた。

南太平洋海戦

ガダルカナル島の動きに呼応して起きた日米機動部隊同士の戦い

ミッドウェーの雪辱を果たすために艦隊を再編成

ガダルカナル島をめぐる戦いで、日本軍は増援を小出しにする部隊の逐次投入という作戦の愚を繰り返し、すべて失敗していた。そしてその愚をまた行った。日本軍は第2師団を上陸させ、10月24日に総攻撃を開始した。この第2師団の総攻撃を支援するためにガ島へ向かった日本軍機動部隊と、米機動部隊が激突したのが南太平洋海戦である。

日本機動部隊の司令部は、ミッドウェー海戦の敗北により、ほとんどの参謀は入れ替えとなった。しかし、トップとナンバーツーである司令長官・南雲忠一中将、参謀長・草鹿龍之介少将は山本五十六連合艦隊司令長官に「仇をとらせてほしい」と懇願し、山本は諒解した。南雲と草鹿

日本軍機は急降下し「サウスダコタ」の前部砲塔に直撃弾を食らわせた。

日本の艦上機の攻撃を受ける米空母「エンタープライズ」。

「エンタープライズ」に対して激しい攻撃を加える日本軍機。上空の黒点は米艦艇の対空砲火が炸裂したもの。

は大敗の責任を取るどころか、仇討ちのために留任してしまった。機動部隊は生き残った「翔鶴」「瑞鶴」を中心に小型空母3隻を集めた第3艦隊として再編成されたのである。こうして、ミッドウェーの仇をとる態勢は整えられ、まずガ島戦初期に米空母部隊と第2次ソロモン海戦を戦った。ここで日本側は軽空母「龍驤」を撃沈され、米側は空母「エンタープライズ」が中破となり、勝敗は痛み分けに終わった。南雲機動部隊がミッドウェーの雪辱を果たす機会は次に持ち越された。

ガ島の争奪戦で、日本海軍の役割は地上部隊の支援が第一義とされた。ガ島に陸軍部隊の増援を運ぶ輸送船団を護衛したり、戦艦や重巡洋艦でガ島の米軍飛行場の艦砲射撃を試みるなど、一貫して陸軍側に協力を続

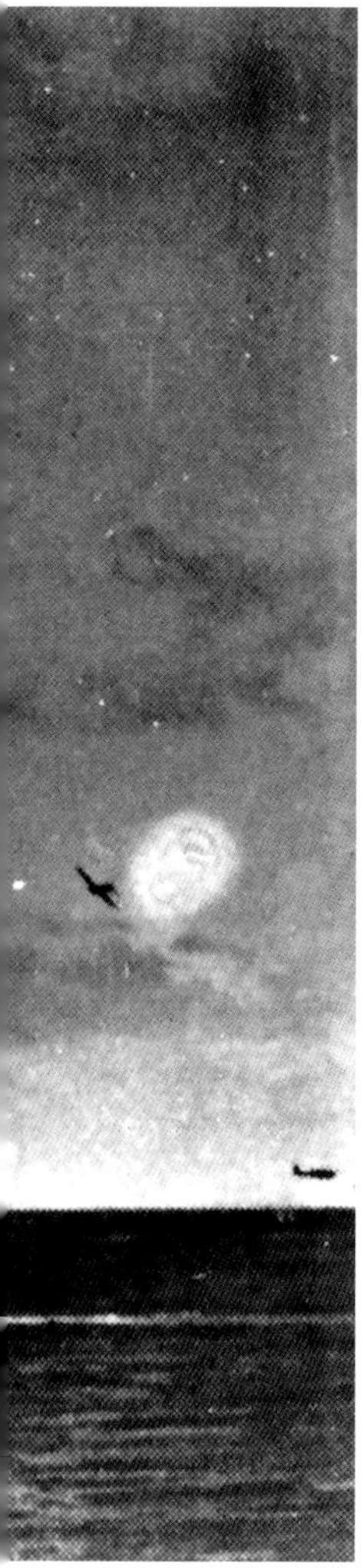

攻撃にされされる米空母「ホーネット」と、「ホーネット」に迫る日本軍機。

傾きはじめた「ホーネット」。「ホーネット」は日本の艦上機の爆弾5発と魚雷2発を食らった。

けた。

　昭和17年（1942）10月20日ごろに日本陸軍は第2師団を中核とし、ガ島の米軍飛行場にまたも総攻撃をかける手筈となった。海軍はこれを支援するため、南雲機動部隊と、戦艦2隻・重巡洋艦4隻を持つ砲撃部隊（第2艦隊）を派遣し、これら海軍部隊はガ島の北方洋上を警戒航行し、その時を待った。

　南雲部隊の空母は「翔鶴」「瑞鶴」のほか、中型空母「飛鷹」「隼鷹」、軽空母「瑞鳳」の5隻があった。しかし、海戦前に「飛鷹」は機関故障のためトラック島の基地に避退し、日本側の空母は4隻に減った。

　一方、米機動部隊では同年8月〜9月に日本潜水艦の魚雷攻撃を受け、空母1隻が沈没、空母1隻が大破しており、無傷な空母は「ホーネット」

米空母「ホーネット」に直撃弾が命中した。

1隻だった。これに加え、8月の第2次ソロモン海戦で損傷した「エンタープライズ」を大急ぎで修理し、空母2隻の劣勢で日本艦隊の迎撃に向かった。

米空母「ホーネット」を撃沈

日米の機動部隊が激突するのは、第2師団の総攻撃が失敗した翌日の10月26日だった。まだ暗いうちに両軍は索敵機を飛ばし、ほぼ同時にお互いを発見した。5時25分、村田重治少佐率いる日本の第1次攻撃隊62機が発進すると、5分遅れて米軍も合計29機の第1次攻撃隊を発進した。さらに米軍は午前6時に19機から成る第2次攻撃隊、6時15分には第3次攻撃隊25機を発進させた。

第1次攻撃隊を発進させた直後、米軍の索敵機が落とした爆弾が「瑞

鳳」に命中し、甲板が使用不能になった「瑞鳳」はそのまま戦列を離れ、日本の空母は早々に2隻に減ってしまった。一方、日本の攻撃機は「ホーネット」に急降下爆撃と魚雷攻撃を行い、大破させた。さらに第2次攻撃隊は無傷で残っていた「エンタープライズ」に殺到した。しかし致命傷を与えることはできなかった。
　対する米第1次攻撃隊は、「翔鶴」を攻撃した。飛行甲板後部に爆弾を命中させ、火災を発生させた。「翔鶴」は艦載機の収容が不可能になった。さらに第2次攻撃隊は、機動部隊の前衛となっていた戦艦・重巡部隊を攻撃し、集中攻撃を受けた重巡「筑摩」が大破したが、米軍の攻撃を分散させ機動部隊の損害を軽減するという、前衛部隊としての役割を果たすことができた。

中央に停止しているのが空母「ホーネット」、これを中心に高速周回しているのは警戒艦。

傾斜する「ホーネット」の周りに救助の艦が集まってくる。最終的に「ホーネット」は沈没処置がとられた。

日本軍機の爆撃を受け避難作業に追われる空母「エンタープライズ」の飛行甲板。

また、ヘンダーソン飛行場の爆撃任務についていた空母「隼鷹」を中心とした第2航空戦隊も決戦海域に急行し、米軍に追い打ちをかけるため攻撃隊を発進させた。いったん攻撃機が帰投すると、指揮官の角田覚治少将は南雲中将指揮下の飛行機も収容し、使用できる飛行機をかき集めて第2次攻撃隊を編成した。攻撃隊は重巡に曳航されていた瀕死の「ホーネット」を発見すると、反復攻撃を加えてついに致命傷を与えたのである。

総員退艦命令が出された「ホーネット」は夜になって日本の駆逐艦の魚雷で沈没した。

日米の損害の大きさ

南太平洋海戦では日本には沈没艦はなく、「翔鶴」「瑞鳳」「筑摩」が

急降下爆撃する日本軍機を死に物狂いで回避する米空母「エンタープライズ」。

損傷しただけにとどまった。一方、米軍は「ホーネット」、駆逐艦「ポーター」が沈没し、「エンタープライズ」、戦艦「サウスダコタ」などが損傷した。空母1隻が沈没した米軍に対して、沈没艦のなかった日本軍はこの海戦で勝利を収めたといえるだろう。しかし、先の珊瑚海海戦のように日本軍の勝利は手放しでは喜べない内容だった。なぜなら、あまりにも後に憂いを残す損害を被っていたからである。

艦船の損害は米軍の方が大きかったが、飛行機の損失は実は日本軍の方が多かった。しかも真珠湾以来のベテランパイロットが多く戦死してしまった。飛行機の生産、搭乗員の育成という点で日本はアメリカに大きく水をあけられていた。それだけに、航空機と搭乗員の喪失はダメージが大きく、実際の数字以上に日米の航空戦力に差がついてしまうこととなった。

また海戦の結果、太平洋上で活動が可能な米空母は実質的にゼロとなったが、日本軍もまた「翔鶴」「瑞鶴」が修理のため本土に戻ってしまったので、米軍が一時的に空母を失ってもその隙につけ込むことができなかった。しかも空母がなくなったところで、何よりも、強力な〝不沈空母〞であるガ島の米軍飛行場が健在であった。島嶼の争奪戦は、その島内の飛行場を保持した側が終始、優位に立つことができる。ガ島の飛行場を占領するか、もしくは無力化しないかぎり、周辺海域の制空権、制海権は日本側の手に入らないのであった。

日本軍は空母の投入とともに、ラ

海戦に参加した空母「瑞鶴」。海戦が始まって早々に手痛い損傷を被った。

日が沈んでも延々と燃え続ける米艦隊。

攻撃を終了して帰還した日本軍の艦上機。

バウル（ニューブリテン島）などの航空基地から連日、ガ島への空襲を続けていた。しかし焼け石に水だった。ラバウルからガ島までは約1000キロの距離があり、脆弱な爆撃機（1式陸攻など）を護衛した零戦は燃料の限界でわずか15分程度しか空戦ができなかった。ラバウルなどの基地から航空攻撃を繰り返しても、ガ島の飛行場を「撃滅」するのは地理的、戦力的に無理なことだった。

日本の連合艦隊は、からくも勝利を手にすることができた。だが、同時にこの勝利は、連合艦隊にとっても、また日本軍全体にとっても最後の勝利となる。以後の日本軍は、陸海空ともに本格反攻戦に入った米軍の前に敗戦を重ね、二度と攻勢に転ずることはできなかったからである。

第3次ソロモン海戦
輸送船を護衛中に起きた戦艦同士の海戦

第38師団と輸送船をガ島に派遣

ガダルカナル島をめぐる最後の大海戦が、第3次ソロモン海戦である。米軍のガ島上陸から約3カ月。圧倒的な火力と物量を誇る米軍を前に、日本軍のガダルカナル島奪回作戦はすべて失敗に終わっていた。しかし、大本営は総攻撃の再興をあきらめず、ガ島への補給のために連合艦隊に支援を要請した。今度は陸軍の第38師団に海軍の特別陸戦隊を加えた1万3500名を送り込み、一気に奪回を図る作戦を立てたのだ。

昭和17年11月12日、輸送船11隻を空母「準鷹」や戦艦「霧島」「比叡」など31隻で護衛して作戦を開始した。深夜12時近く、船団はガ島西部のサファロング岬沖に達した。ところが事前に情報を得て待ち受けていた米艦隊との間で夜戦がはじまった。

日本軍機の魚雷が命中しで爆発する米艦。

日本の艦隊は米艦隊と熾烈な砲撃戦を行った。

ソロモン海域で作戦中の連合艦隊。

艦隊の前方を進撃した駆逐艦「夕立」も躊躇なく敵艦隊の中央に突撃した。砲撃戦は熾烈を極め、重巡「アトランタ」が沈没し、「サンフランシスコ」は大破した。日本側も「比叡」が集中砲撃を受けて沈没した。「夕立」も敵の砲撃を受けて沈没した。

こうして戦いは11月15日まで断続的に続けられるのだが、その間の14日に増援部隊と軍需品を満載した日本軍の船団はガ島突入を図った。船団は7次にわたる空爆を受け7隻が沈没した。生き残った船は翌15日午前2時、タファサロング海岸に乗り上げ強行揚陸を開始した。ところが夜明けとともに再び米軍の空襲を受け、揚陸した武器、弾薬のほぼすべてを焼失してしまった。この一連の海戦が第3次ソロモン海戦で、第38師団で上陸できたのは半数にも満た

米艦隊の旗艦「サンフランシスコ」。12日の夜戦で大破した。

日本軍機の攻撃を受けて炎上する米海軍輸送船。

日本軍の砲撃は米艦艇を次々と撃沈していった。

海戦に参加した戦艦「比叡」。航行不能となり自沈処理された。

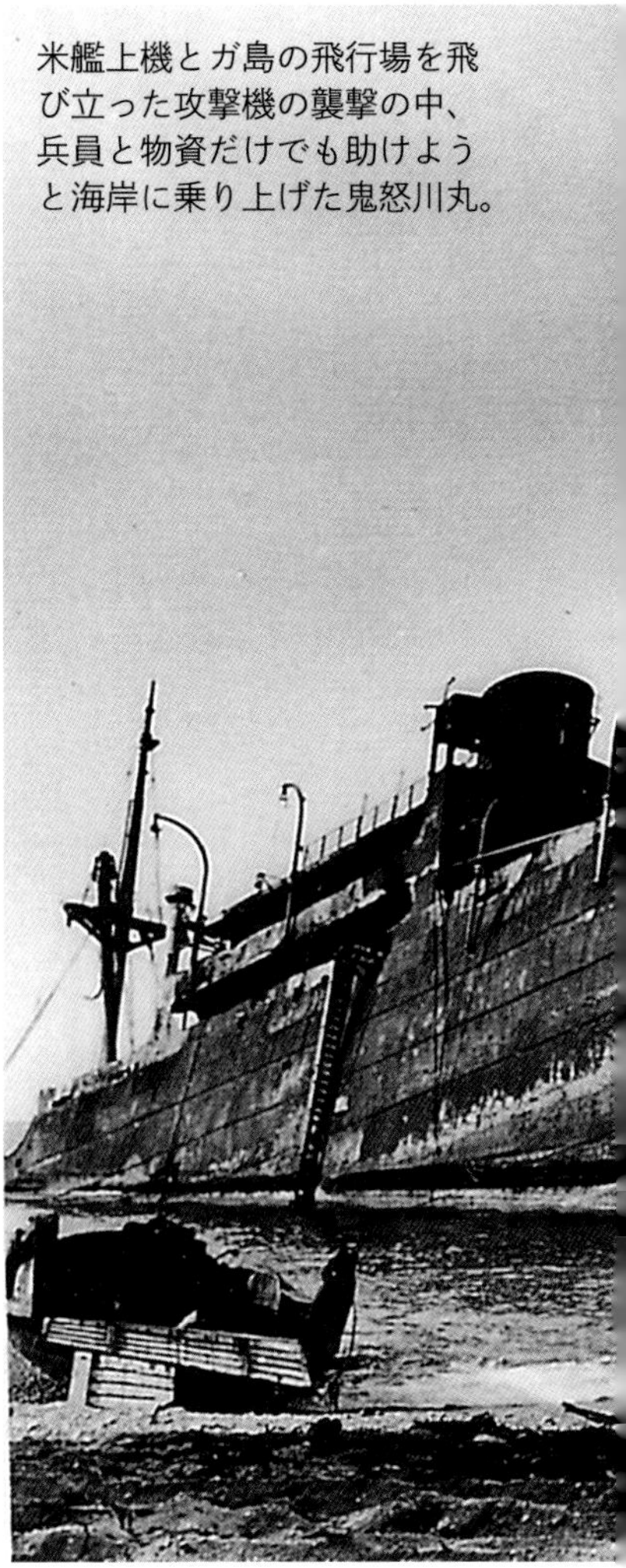

米艦上機とガ島の飛行場を飛び立った攻撃機の襲撃の中、兵員と物資だけでも助けようと海岸に乗り上げた鬼怒川丸。

ない約５０００名だった。輸送の失敗で、ガ島の陸軍は総攻撃どころか、陣地を守ることも困難となった。

ガダルカナル島撤退

餓島となったガダルカナル島

第2師団が総攻撃に失敗したあと、ガ島の食糧事情は一層深刻なものとなった。勢いの赴くままに戦線を拡大し、補給をまったく考えていなかった杜撰な作戦のツケが、じわじわとガ島の兵士たちにふりかかってきたのだ。ラバウルから1000キロという長距離を低速で航行する輸送船は、米軍の制空権下に入ると確実に空襲を受け、食糧を届けられなかったからである。

昭和17年11月初旬、日本軍はさらに第38師団をガ島に送った。しかし兵員と物資を満載した11隻の輸送船は途中で空襲を受け、6隻が沈没、1隻が傷ついて引き返し、残る4隻はガ島海岸に突入して擱座した。米軍がそれを砲爆撃したため、物資の大半が炎上するという惨めな結果と

ガダルカナル島へ急行する輸送艦隊。俗にネズミ輸送と呼ばれた。

日本軍撤退後の北部海岸。ガ島エスペランス岬からカミン岬の北部海岸における破壊された舟艇群。

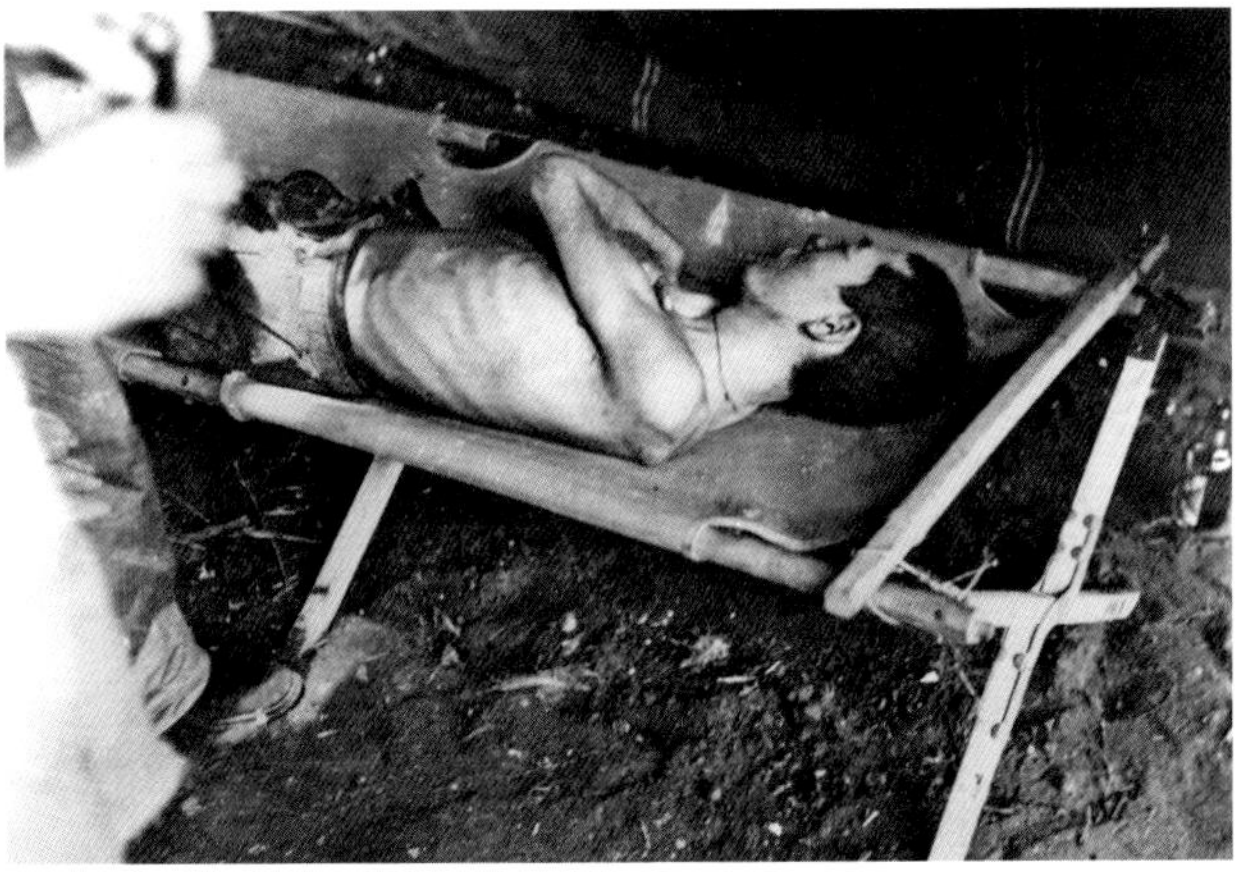

栄養失調で捕虜となった日本兵。マラリアによる高熱で動けない状態だった。

なった。その第38師団将兵も、飢え始めるのに半月とはかからなかった。

12月に入ると、ガ島の第17軍司令部から大本営に発信される電文は、食糧事情急迫を訴えるものが相次ぐようになった。

「転進」という名の退却で終止符を打つ

度重なる作戦指導の失敗で勝利の火は消え失せ、大本営の作戦参謀らが「島を奪い返すのはとても不可能」と悟り始めたのは、この年も押し詰まってからだった。しかし「ガ島から撤退すべきだ」と、公式の場で言いだす勇気の持ち主はいなかった。周囲から弱腰と思われるのを恐れ、ただ強気の言葉だけを口にする。そして時だけが過ぎていき、犠牲者の数を増やしていった。

部隊が「転進」という名で撤退した後のガ島の日本軍陣地。

明らかに栄養失調でやせ細った日本兵の遺体。

ガ島撤退が具体化したのは、12月半ばを過ぎてからだった。大本営陸軍部作戦課長が服部卓四郎大佐から真田穣一郎大佐に代わったのがきっかけとなった。

駆逐艦による撤退作戦が実際に行われたのは、さらに2カ月後の昭和18年2月に入ってからだった。2月2日、5日、7日に行われた撤退作戦で約1万670名がガ島から脱出することができた。しかし、生存者がすべて撤退できたわけではなく、

ガダルカナル島から撤退し、ブーゲンビル島で閲兵式を行う第17軍司令部と麾下の部隊将兵。

ブーゲンビル島へ撤退した第17軍幹部。

海岸に残された零戦の残骸。

置いていかれた兵も少なくなかった。

結局、半年にわたって繰り広げられたガ島の飛行場の争奪戦の死者は2万1138名にも上ったが、そのうち戦闘で死亡したものは5000〜6000名で、残りは病死と餓死だったという。

ガ島の奪回を断念した大本営は、「ソロモン諸島ガダルカナル島に作戦中の部隊は敵軍を同島の一角に圧迫し、その戦力を撃破せり。よって二月上旬、部隊は同島を撤し、他に転身せしめたり」

と発表した。

こうして悲惨なガ島戦は、退却を転進と表現する大本営発表でピリオドが打たれた。

ラバウル航空隊
零戦の前に立ちはだかった距離の壁と米軍の工業力

ラバウル航空隊の誕生

昭和17年（1942）1月23日に陸海軍が協力しニューブリテン島のラバウルと、ニューアイルランド島カビエンを占領した。南を望めば右手にニューギニア島の東部、左手にソロモン諸島が連なる要所であり、当初、模索された「米豪遮断」の足がかりともなる。何よりも中部太平洋の根拠地トラック島の防衛には欠かせない前進基地とされた。

占領の直後から、海軍はラバウル市街に近いラクナイ飛行場をラバウル東飛行場と改名し、戦闘機用の飛行場とした。内陸部にあるブナカナウ飛行場はラバウル西飛行場と改名し、陸上攻撃援用の飛行場とした。

1月末日、東飛行場には第24航空戦隊千歳航空隊の96式艦上戦闘機15機が進出、続いて台南航空隊からも

ラバウルの基地に勢揃いした零戦。

出撃用意、機銃に弾ごめをする戦闘機搭乗員。

ラバウルの港口にそそり立つ花咲山をめぐって１式陸攻の大編隊が進発していく。

同12機が進出、計27機で「ラバウル航空隊」が発足した。

ただし千歳や台南という航空隊の名称からもわかるように、「ラバウル航空隊」というのは、ラバウルに進出した各航空隊を総称した通称であり、編成上の正式名称ではない。

その後まもなく、西飛行場に高雄航空隊の陸攻27機が進出、戦闘機隊と合わせて第４航空隊が新編された。

以後、戦闘機隊は７・７ミリ機銃装備で飛行性能も劣る96艦戦から、20ミリ機銃装備で飛行性能も優れた零戦へと置き換えられ、零戦隊がラバウル航空隊の主力となった。

米軍上陸ではじめてガ島に出撃

ラバウル進出当時は東部ニューギニアが主戦場となり、台南航空隊の零戦が１式陸攻（第４航空隊）を護衛し、ポートモレスビーなどを攻撃した。

戦局が急を告げるのは昭和17年8月7日、ソロモン諸島の南端ガダルカナル島への米軍上陸が発端である。

海軍は5月中旬からソロモン諸島東南に近いガダルカナル島に飛行場を作ることを考え、人力の飛行場設営隊がようやく滑走路を完成直前の状態にした時点で米軍の来襲を迎えたのだ。ガ島のわずかな守備隊と、ガ島の向かいのツラギ水上機基地は、82隻に及ぶ米艦船と海兵1個師団の上陸部隊によって、ひとたまりなく破砕され、残存のわずかな兵力はジャングルに逃げ込んだ。

ツラギからの絶望的な急報を受けたラバウルの山田定義司令官は、その朝ポートモレスビー攻撃に飛び立たせようとしていた零戦18機、陸攻27機の攻撃隊を、急きょガ島に向けることにした。

だが、そのときまでガ島の名前も位置も知らなかった搭乗員たちは、地図を見てガ島が遠いのに驚いた。ラバウルから約１０００キロ、往復で２０００キロ。零戦の航続距離は型式によっても異なるが、増槽（補助燃料タンク）を付ければ最大３５００キロくらいになる。世界最長である。しかし３５００キロというのは燃費効率の良い巡航速度で飛んだ場合であり、高速で急上昇や旋回を繰り返す空中戦では、燃費は巡航速度で飛ぶ場合の3倍以上に跳ね上がる。だから往復２０００キロは、零戦にとってはぎりぎりの作戦可能距離であった。陸攻は戦闘機より航続距離は長いので、それほど心配はない。

零戦隊の搭乗員たちは緊張に包まれ、第25航空戦隊の零戦18機がラバウル東飛行場から、１式陸攻27機が西飛行場から飛び立った。零戦の搭乗員は帰途はラバウルに帰りつくことができずに不時着する覚悟で出撃した。

ガ島上空にたどり着くとＦ４Ｆワイルドキャット約60機が迎撃に現れ、零戦隊は空戦に入る。このときはＦ４Ｆ11機、爆撃機１機を撃墜（米側記録）し、零戦２機、陸攻５機が未帰還となった。

翌8日も日本軍はガ島の米船団攻撃に向かい、重巡１隻を撃沈するなど戦果を報じたが、零戦１機を失い、さらに陸攻は18機喪失という大損害を出した。

悩まされる遠距離との戦い

当時、零戦隊のパイロットはベテランが多く、性能の劣るＦ４Ｆは敵

ラバウルを出撃する1式陸攻隊。

ではなかった。むしろ真の敵は、当初の心配どおりラバウル〜ガ島間の約1000キロという距離だった。往復2000キロを飛行可能な単座戦闘機は当時、世界に零戦しかなかったが、それでもぎりぎりの距離だ。空戦のできる時間は15分程度とされた。

米軍はガ島の飛行場に8月20日、艦上機約30機を進出させ、この後は続々と補充機を送りこむ。国力の違いが如実に表れてきた。秋の深まるころにはガ島の米機は戦闘機だけで約200機、爆撃機などを合わせると300〜400機にふくれあがった。

ラバウルの日本軍も可能なかぎり機体、搭乗員の補充を繰り返すが、相次ぐ消耗で機数はいっこうに増えない。搭乗員の数に余裕のあったころはひとりが1日おきに出撃したが、昭和17年の秋にはほとんど毎日となった。

ガ島の飛行場空襲だけではなく、陸軍の増援を乗せた輸送船団の上空直掩についたり、ガ島近海の敵艦を攻撃に向かったり、ラバウルの零戦隊は大車輪で働いていた。

米軍の上陸以来、逐次、ガ島に兵力を増強した陸軍は9月から10月に2度にわたる総攻撃を行い、ラバウルからも航空支援を行ったが、米軍が固守する飛行場は奪回できず、ことごとく失敗する。海軍ではこの間、2度の空母決戦が生じ、戦艦・重巡のガ島夜間砲撃や多くの海戦を交え、同様に死力を尽くした。だが、ガ島の飛行場にはいつまでも星条旗がひるがえっていた。

ベテランパイロットも次々に戦死

そして、零戦の優位にも陰りが出てきた。10月7日にようやく両所のほぼ中間にあるブーゲンビル島の南端ブインに前進基地が完成し、ガ島での戦闘時間は1時間にまで増えた。

だが、ガ島の米軍は各島に配備した対空監視員の通報とレーダーによる予知によって、待ち伏せしたり、肩すかしを食わせたりすることのできる態勢があるうえに、3時間もかけてやってくるラバウル側を、地元で待ち受けるという地の利が大きかった。

空中戦でも敵のF4Fは必ず2機編隊を組み、1機は零戦のやや苦手な右急旋回で逃げる。それを追いかけると、もう1機が背後の上方から一撃をかけるという新たな戦法をとったのである。ベテランの零戦隊員らも次々と撃墜されていった。

ラバウルで航空戦の指揮をとった第2航空艦隊の報告によれば、ガ島戦の8月から12月下旬までの被害は392機（地上被害を含む）にのぼり、一方、撃墜の戦果は432機という。またベテランの急減により、12月末の時点で搭乗員の技量は「従前の3分の1」に低下したと見ている。

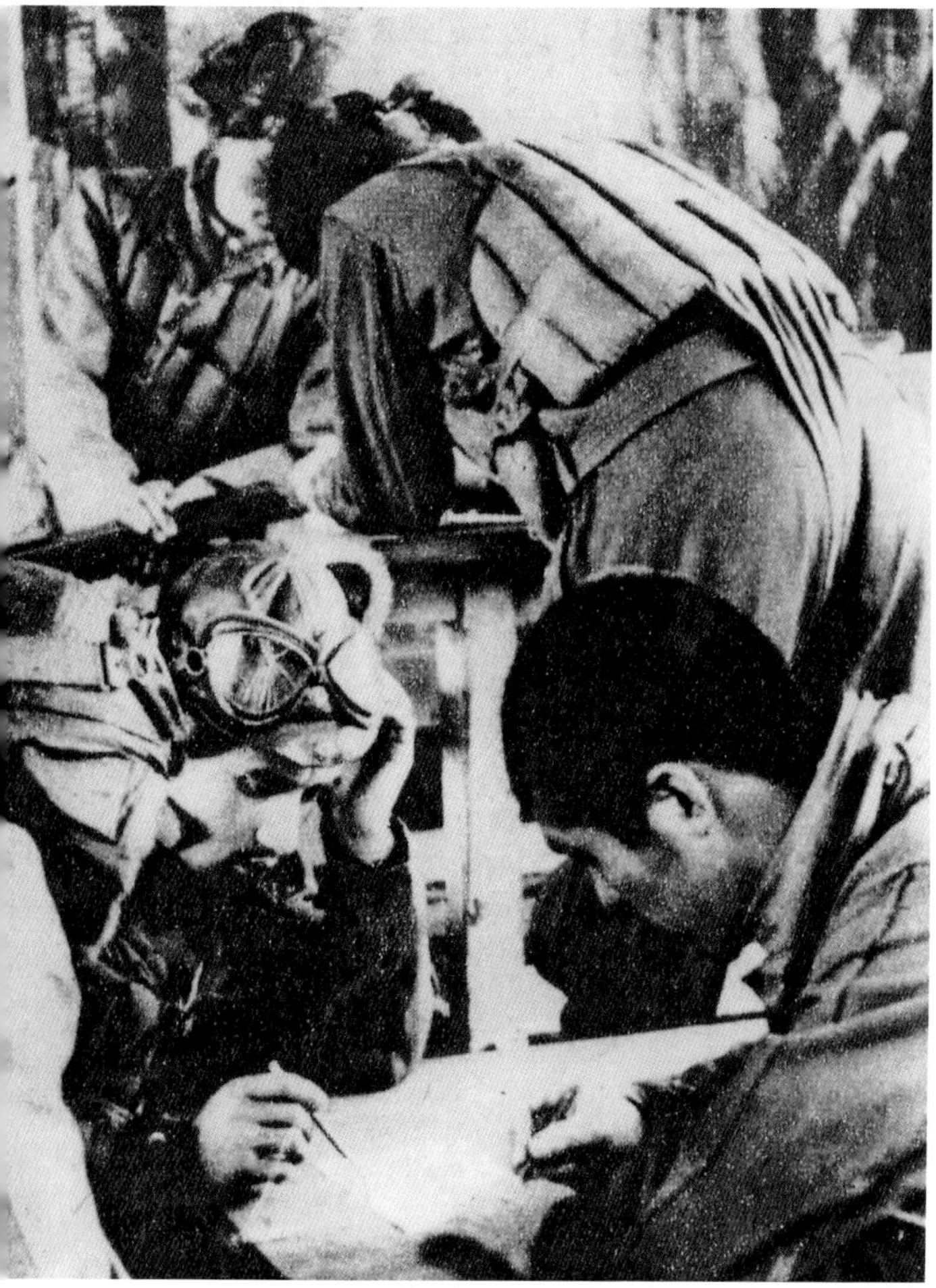

ガ島の戦いから帰投後、報告前に戦果を検討する搭乗員たち。

慰問袋に入っていた縫いぐるみを手に帰投した搭乗員。

　年が明けた昭和18年、ガ島の日本陸軍は2月はじめに撤退作戦を行い、ガ島は放棄された。だが、ソロモンを舞台にした過酷な航空戦はこの後も止むことがなかった。

　米軍は新型戦闘機を次々と投入した。ガ島方面にP38ライトニングが現れたのは昭和17年11月ころで、F4Uコルセア、F6Fヘルキャットが乱舞するのは昭和18年後半である。ラバウル航空戦の末期にはP51ムスタングの姿もあった。

　物量でひた押しする敵の戦爆連合の群れは、堕としても堕としても、その数が増えるように見えた。米軍は中部ソロモンで全面的な反攻に転じた。これに対し、日本軍拠点の要であるブインからは、毎日のように攻撃隊を繰り出し、敵の上陸地点などの攻撃に向かった。零戦隊は1日3回も出撃することさえあった。

　一方、ブインなどの各基地は１００機、２００機と敵大編隊の空襲が続いており、9月中旬からはその迎撃に上がるだけで手一杯になっていく。10月にはラバウルが１００機以上の空襲を受けるようになった。西へ西へと進攻する米軍は12月15日ラバウルのあるニューブリテン島の南岸マーカス岬へ上陸した。

ラバウルでは日の出前に出撃することも珍しくなかった。

出撃前に腹ごしらえするラバウルの搭乗員たち。

米軍機の攻撃にさらされるラバウル基地。

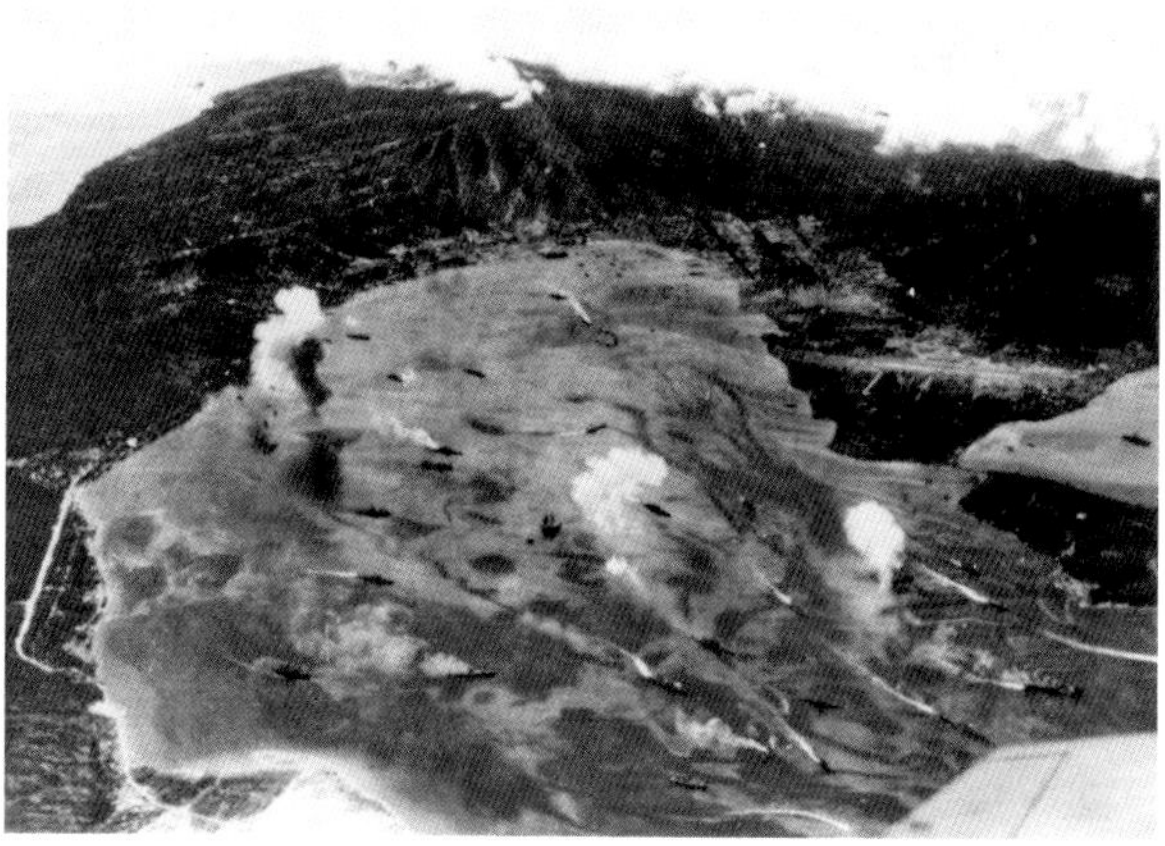

米軍の空襲を受けるラバウル基地。

この間、ブーゲンビル方面に展開した米空母を攻撃するため、古賀峯一連合艦隊司令長官は「ろ」号作戦を発動した。しかし、この作戦も敵に打撃を与えることはできず、日本側は空母機の約7割にのぼる121機を喪失した。

ついに撤退、さらばラバウル

マーカス岬への米軍上陸後、ラバウルに対する空襲は激化する一方で、昭和19年（1944）1月下旬には毎日のように150機、200機以上がラバウル上空に飛来した。B17、B24などの大型爆撃機、それに随伴したF6Fなどの戦闘機を相手に、零戦搭乗員はいつ果てるとも知れない迎撃戦の日々に耐え続けた。敵150機の大群を、零戦15機で迎え撃つ10対1の悲劇的な空戦もあった。

米軍のラバウルに対する空襲は日に日に増えていった。

もう、勝てるはずがない。それでも彼らは敵機を求め、操縦桿に力をこめ、黙々と出撃していった。

昭和19年2月20日、実質的にラバウル航空戦は、その幕が引かれた。同月17、18日にトラックが米空母9隻の大空襲を受け、基地としての機能を喪失したため、やむを得ず海軍航空隊の主力をラバウルからトラックに撤退させたのである。

以後、陸上戦の要塞化が進められたラバウルを米軍は迂回していくが、この地に日本軍の航空部隊が再進出することは二度となかった。

昭和18年2月のガ島撤退から、この1年間で喪失した海軍機は約700機といわれる。常に最前線に立った戦闘機隊の204空は搭乗員205名のうち、9割を超える185名が戦死し、ついに部隊は解隊された。

名機「零戦」の興亡

零戦による最初の重慶空襲の出撃にあたり、嶋田支那方面艦隊司令長官が搭乗員に対して訓示をしている。

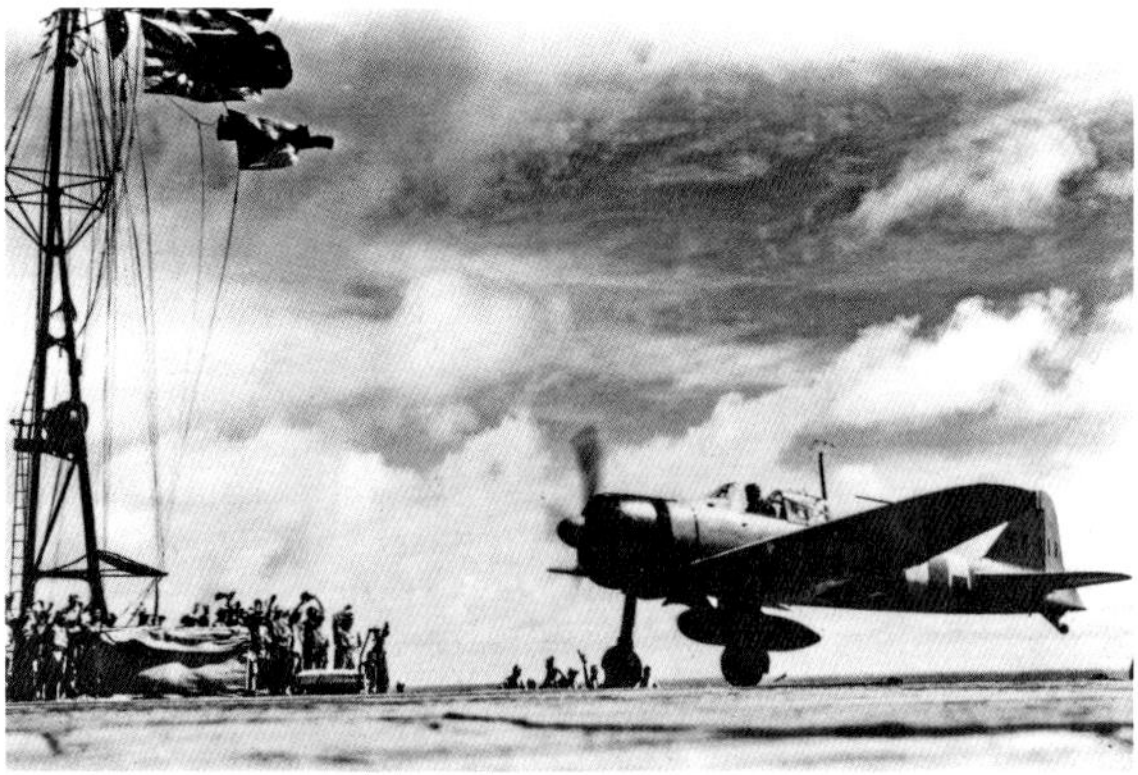

母艦から飛び立とうとしている零戦。零戦の正式名称は零式艦上戦闘機であり、あくまでも空母から発進できる飛行機として設計されている。

中国大陸で鮮やかなデビュー

三菱重工名古屋航空機製作所で開発されていた「昭和12年度試作艦上戦闘機」、略して「12試艦戦」の試作1号機が、各務ヶ原飛行場で初飛行に成功したのは昭和14年（1939）4月1日だった。昭和15年7月に制式採用されて「零式艦上戦闘機11型」に。日本海軍航空隊のエース機になる戦闘機の誕生である。

当時の日本は日中戦争が3年目に入り、広大な中国大陸で行き場のない戦いを続けていた。首都・南京を日本軍に占領された中国は政府を四川省重慶に移し、徹底抗戦の構えを見せていた。零戦のデビュー戦は、その重慶爆撃だった。

昭和15年8月19日、横山保大尉率いる零戦12機が、96式陸攻54機

重慶に向けて飛び立つ零戦。その性能は初陣から際立っていた。

中国の重慶爆撃に向かう零戦。当初、米軍は日本に零戦のような高性能な戦闘機がつくれるとは思っていなかった。

零戦11型。試作機も含めて64機生産された。11型の量産型が21型である。

を護衛して重慶空襲に向かった。しかし日本の爆撃機が戦闘機の護衛を受けているのを知ってか、中国の迎撃戦闘機は1機も姿を見せなかった。翌20日は進藤三郎大尉率いる12機が陸攻隊とともに重慶を爆撃したが、この日も中国の戦闘機は姿を現さなかった。

重慶爆撃はその後も続けられたが、中国の戦闘機は姿を見せない。そうしたなか、陸上偵察機（陸偵）が別の飛行場に30数機の敵戦闘機を発見した。どうやら敵戦闘機は日本軍戦闘機の来襲情報を得ると、空中か重慶外の飛行場などに退避しているらしいことがわかった。何とかしてこれら敵戦闘機を撃滅したい――零戦隊はそう考えていた。

9月13日、進藤大尉率いる零戦

真珠湾攻撃に向かう機動部隊・旗艦「赤城」の飛行甲板に翼をやすめる零戦。

富士山をバックに飛行中の零戦21型。

13機は、96式陸攻隊の第35次重慶爆撃を護衛するため漢口飛行場を飛び立った。零戦隊は陸攻隊が爆弾投下が終わって帰途につくまで行動をともにした。そして重慶が視界から消えかかったとき、重慶上空に残っていた陸偵から「敵戦闘機隊現る!」の無電が入った。

進藤大尉は零戦全機に反転を命じ、中国戦闘機隊を遠巻きに包囲した。ソ連製のイ15とイ16戦闘機27機だった。そして零戦の20ミリ機銃が火を噴いた。空戦は約10分で終わった。中国軍機27機は1機残らず撃墜されていた。零戦隊の鮮やかな勝利だった。

圧倒的な強さを見せた零戦

この実質的な初戦を皮切りに、中国戦線での零戦隊の活躍はめざ

零戦21型・要目	
乗員	1名
全長×全幅	9,05×12m
自重	1,745kg
最高速度	533.4km/h
航続距離	3,052km
発動機	中島「栄」12型 空冷940馬力×1
武装	7.7mm機銃×2、 20mm機銃×2、 爆弾120kg

下から見上げた零戦の姿。零戦は日本の戦闘機ではじめて引込脚を採用した機だった。

ましく、当時のマスコミは〝大陸の覇者〟とはやしたてた。

零戦が重慶や成都など中国の奥地攻撃を始めたころ、蔣介石政権の軍事顧問をしているアメリカ陸軍航空隊出身の退役少将がいた。クレア・L・シェンノートといい、のちに「フライング・タイガーズ」（空飛ぶ猛虎隊）と呼ばれた義勇航空隊の創設者として知られている。シェンノート大佐（当時）は飛行中の零戦の写真を添えて、その優秀な空戦性能などについて詳細な報告書をアメリカ本国に何度も送っていた。しかしアメリカの航空隊関係者は、「航空後進国の日本に、そんな優秀機がつくれるはずはない」と、まるで取り合わなかったという。

重慶駐在のイギリス武官も、シ

零戦32型・要目

乗員	1名
全長×全幅	9,06×11m
自重	1,807kg
最高速度	544.5km/h
航続距離	2,378km
発動機	中島「栄」21型 空冷1,130馬力×1
武装	7.7mm機銃×2、 20mm機銃×2、 爆弾120kg

ェンノート大佐と同じように重慶空襲での零戦の目撃情報や、その空戦性能の優秀さについて英極東軍司令部に報告書を送っていたが、アメリカ本国と同様、信用しようとはしなかった。

昭和16年12月8日、その〝航空後進国・日本〟と米英は戦端を開いた。第1航空艦隊（南雲機動部隊）の零戦隊は艦攻、艦爆隊とともにハワイ真珠湾の米太平洋艦隊を奇襲して壊滅させた。台湾の陸上基地に展開している零戦隊も、開戦と同時に陸攻隊とともに長駆フィリピンのクラークフィールド基地などを急襲し、マッカーサー大将麾下の航空隊を壊滅させた。そのときフィリピンの米軍は、誰もが日本の戦闘機は空母でフィリピン近くまで来ていると信じきっていた。

その後も零戦隊の活躍はめざましく、マレー・シンガポール攻略戦、フィリピン攻略戦、蘭印攻略戦と八面六臂の活躍で、南東方面の米英蘭連合国航空隊を撃滅していった。この間、南東方面で日本軍が撃墜した連合軍機565機のうち、零戦の撃墜機は471機で、実に83パーセントにも達したという。

戦争前半に零戦が見せた圧倒的な強さの最大の要因は、ライバルの米艦上戦闘機F4Fよりはるかに優れた旋回性能と、それを存分に生かすことができる熟練パイロットたちの高度な操縦テクニックだった。

また、零戦の軽さは最大3500キロという長大な航続力にも貢

ブイン基地の零戦。ここから激闘のガダルカナル島へ零戦は次々と飛び立って行った。

献している。武装も20ミリ機銃と強力なものを装備していた。太平洋戦争前半は、こういった零戦の利点が最大限に発揮され、連戦連勝を飾ることができた。米軍は「積乱雲と零戦に遭遇したとき」だけは逃げてもよいとし、零戦との1対1でのドッグファイトを禁じたほどであった。

零戦神話の終焉

米軍は零戦対策に躍起となった。そうしたなかの昭和17年6月5日、ミッドウェー作戦と同時に行われたアリューシャン作戦で、米軍の対空砲火を受けた零戦1機がアクタン島に不時着した。米軍はその零戦を本国に持ち帰って修理し、飛行可能な状態にして徹底調査をした。

その結果、パワーは1000馬力しかなく、しかも防御が弱いことを知った。さらに高速になると舵が利きづらくなり、高速横転ができないこともわかった。こうして零戦の得手、不得手を知った米軍は、零戦に対する新戦法を編み出した。

「ジーク（米軍が零戦に付けたコードネーム）に後ろへ付かれたら横転して急降下し、加速したまま高速で旋回すればジークは付いてこられない」

同時に、開発中の新型機に零戦に対抗できる性能を要求し、登場したのがグラマンF6Fやコルセアだった。

こうして零戦神話は一歩一歩崩れ、弱点を見抜かれた日本のエース機は追いつめられていった。零

アクタン島で捕獲し、テスト飛行を行っている復元された零戦。米軍はこの零戦を徹底的に調査・研究し弱点を発見した。

編隊飛行訓練中の零戦21型。

太平洋戦争の前半戦は零戦は無敵といっても良かった。米軍は零戦と1対1で戦ってはいけないと命令していたという。

戦の泣きどころは米軍も見抜いたように、航続距離を延ばすために防御装置を犠牲にしたことにあった。戦闘機は燃料タンクの被弾による火災か、パイロットが撃たれて死ぬと墜落する。エンジンが撃たれるケースは稀だ。初期の零戦には燃料タンクにも操縦席にも、何らの防御装置もなかったのである。

そしてもう一つの弱みは、戦争開始1年を過ぎると、熟練パイロットが次々戦死してその数が減り、未熟な操縦員が多くなったことだった。これら若いパイロットが敵新鋭機にバタバタ撃ち落とされるのを見て、海軍は昭和18年夏にはタンクに自動消火装置を付け、昭和19年4月には操縦席前面に防弾ガラスを付けたりした。こうした

零戦52丙型・要目

乗員	1名
全長×全幅	9,121×11m
自重	1,894kg
最高速度	564.9km/h
航続距離	1,920km
発動機	中島「栄」21型 空冷1,130馬力×1
武装	13mm機銃×3、 20mm機銃×2、 爆弾120kg

零戦の特攻出撃。零戦は特攻仕様に改造され次々と散っていった。

零戦の相次ぐ改造は、技術陣に次期主力戦闘機の開発につぎ込む余力を失わせることにもなった。

太平洋戦争初期に米軍を震撼させた零戦は世界トップクラスの戦闘機だった。しかし米軍の新型機は、零戦を過去のものにしてしまった。そして昭和19年（1944）10月、日本軍の組織的体当たり攻撃＝特攻が行われるようになったとき、機体に250キロ爆弾を装着した零戦がまっさきに使用され、世界初の特攻機に姿を変えた。以後、零戦は日本海軍の主力特攻機となり、多数の機体が爆弾を抱いて大空に散っていった。

「い」号作戦
山本五十六長官が指揮する大規模な航空戦

400機近い航空機が終結

ガダルカナル島を奪回した米軍は、昭和18年（1943）2月以降ニューギニア方面でも航空基地を次々整備していた。このままでは南太平洋の制空権は完全に米軍のものになってしまうという状況になっていた。

トラック島に碇泊する戦艦「武蔵」に将旗を揚げている山本五十六長官が、かねてより考えていた第3艦隊（司令長官小沢治三郎中将）の空母4隻の艦載機をラバウルやレンドバ、ブインなどに集結させ、基地の航空兵力と併せて一挙に連合軍の戦力を壊滅に追い込もうという作戦を練り上げた。

ところが作戦内容を聞かされた第3艦隊の幕僚の間からは強い不満が出た。

「虎の子の母艦航空兵力を基地航空

「い」号作戦で出撃する戦闘機を帽子を振って見送る山本五十六長官。「い」号作戦は山本長官が直接ラバウル基地で作戦を指揮した。

ラバウル基地に集められた零戦。この作戦のために400機近くの飛行機が集められた。

戦に使用することは根本的に誤りである。消耗した母艦航空機の再建と練度回復は容易でなく、少なくとも再建に3カ月以上はかかる」

さらに幕僚たちには、ラバウルの基地航空隊との合同作戦になれば、第3艦隊の小沢長官よりも南東方面艦隊の草鹿中将の方が先任だから、機動部隊飛行機隊の指揮も併せて執ることになるだろうし、そこで母艦機を無茶に使われて大きな損害を出されたら大変だという〝危惧〟もあったといわれている。しかし第3艦隊も11航艦も、すでに首席参謀以上の幹部は作戦に合意していたから、一般幕僚の不満や危惧は無視される形になった。

こうした機動部隊側の空気を察知した連合艦隊司令部は、実戦部隊に指揮権へのわだかまりがあっては搭乗員の士気にも影響しかねないと判断、山本司令長官自らラバウルに進出して両艦隊を直接指揮することになった。

昭和18年4月3日、山本長官はトラック島からラバウルに進出した。作戦の指揮を直接とるためだった。

参加する航空機は基地航空隊の零戦約100機、爆撃機約90機をはじめ、空母4隻の航空隊から零戦約100機、爆撃機約90機など、合計4

攻撃機を見送る山本長官。「い」号作戦の大戦果は幻だった。

００機近い航空機が出撃態勢をとった。目標はガ島をはじめとするソロモン諸島とポートモレスビー、ラビなどニューギニア東部地区の連合軍飛行場と港湾の艦船である。

幻の大戦果

攻撃は４月７日から14日まで４次にわたって行われた。

第１次は４月７日に行われ零戦１５７機、99式艦爆66機がガ島飛行場と在泊の艦船を攻撃した。米軍は77機で応戦したが、日本は米機37機を撃墜し、巡洋艦１隻・駆逐艦１隻・輸送船６隻を撃沈と報告。

第２次は４月11日に行われた。零戦71機、99式艦爆21機が、オロ湾基地（東部ニューギニアのブナ近郊）を攻撃。米軍は50機で迎撃し、日本は米機22機を撃墜、駆逐艦１隻・輸送船３隻を撃沈したという。

第３次は４月12日。零戦１１４機、１式陸攻44機が出撃しポートモレスビー飛行場を攻撃。米機26機を撃墜し、輸送船１隻を撃沈したという。

第４次は４月14日零戦１２９機と99艦爆23機、１式陸攻44機がミルン湾とラビ湾（ともにニューギニア東端）を攻撃し米機44機を撃墜・輸送船４隻を撃沈し、飛行場３カ所を炎上させたと報告した。

出撃前に搭乗員に対して
激励する山本長官。

そして4月16日、日本軍は十分な戦果を上げたと判断し、作戦を終了した。

この戦果が事実であれば作戦は大成功となるが、実際は米軍にとっては大した損害ではなかった。日本側の戦果報告は明らかに誇大だった。それは搭乗員たちが艦船が煙を上げれば「撃沈」「大破」と報告し、さらに同一艦船を別の搭乗員がまた「撃沈」「大破」と報告したために戦果はネズミ算式にふくれ上がっていったのだ。加えて指揮官や幕僚たちもなんらチェックをせず、足し算を繰り返して「大戦果」を作り上げていたのである。戦後明らかになった米軍の資料によると、撃沈は駆逐艦、油槽船、コルベット艦各1隻、輸送船2隻、撃墜された飛行機は25機という僅少な損害だった。

海軍甲事件
山本五十六謀殺はこうして計画された

米軍に筒抜けだった山本長官の行動予定

「い」号作戦が大成功に終わったと信じていた山本五十六長官は、ソロモン諸島の最前線となっていたショートランド方面の将兵をねぎらうための視察を行うことに決めた。

しかし、この視察計画には参謀などがこぞって反対した。最前線を視察するのは極めて危険だからである。当時ショートランド付近までは日本の制空権下に入っていたが、米軍機がまったくこないわけではなく、基本的に安全とはいっても狙われる可能性はゼロではなかった。しかも山本長官が視察するスケジュールが、暗号とはいえすべての部隊に送られていた。

日本軍は「い号」作戦直前の4月1日に暗号を変えたばかりだったた

山本長官が乗った１式陸攻。弾が当るとすぐに発火するため「ライター」と揶揄された。

山本機を撃墜したロッキードＰ38ライトニング。「双胴の悪魔」と呼ばれた。

山本ミッションの隊長ジョン・W・ミッチェル少佐。

日比谷公演で行われた山本五十六長官の国葬。

め、まさか解読されるはずはないと考えていた。しかし暗号の基本構造が同じだったため、早くも米軍は暗号の解読に成功しており、視察日程が前線に送られた翌日にはハワイの米第14海軍区戦闘情報班はすべての電文を解読し、飛行コースや何時にどこにいるかなど、かなり詳しいことまでわかっていたのである。日時や護衛機の数などを知らせる詳しい日程が前線の司令部に発信された。もちろん4桁数字の暗号だ。ところが前線視察の電文はあっという間に米軍に解読され、飛行コースや、どの地点に何時頃到達するということまで地図上に記された。

　情報はハワイの戦闘情報班に伝えられ、情報参謀のレイトン中佐は、興奮して太平洋艦隊司令長官ニミッツ大将に報告した。山本を撃墜して

上｜1式陸攻の主翼。日の丸のあたりに銃弾の跡が残っているのがわかる。右｜ブーゲンビル島に残されていた山本長官座乗の1式陸攻の残骸。（山本元帥景仰会撮影）

も彼以上の指揮官が出てこないだろうか、とのニミッツの質問に、レイトンは一人ひとり日本海軍の高級指揮官の名を挙げ、長短を説明し、「長官（ニミッツ）が撃墜されるのと同じです。他に代わりうる人物はいません」と断言してみせた。

　ソロモン海域はウイリアム・F・ハルゼー大将の管轄だった。ニミッツはハルゼーに襲撃法の検討を命じ、一方ではフランク・ノックス海軍長官の許可を求めた。ノックスはスチムソン陸軍長官の意見も聞き、ルーズベルト大統領の許可を求めた。結果は「GO!」である。

　ハルゼーの命令でガダルカナル島の基地では、陸軍航空隊司令官マーク・A・ミッチャー少将のもと、〝ヤマモト狩猟隊〟が編成された。ガダルカナルからブーゲンビルまで約500キロ、そこまで飛び、空戦して引き返せる戦闘機は、陸軍のロッキードP38ライトニング戦闘機しかない。ミッチャーは陸軍第339戦闘機大隊長ジョン・W・ミッチェル少佐を隊長に指名した。こうして、大統領も承知したヤマモト・ミッションが誕生し、4日後に作戦が実施される。

孔雀は時間どおりに来た 山本長官謀殺

　山本長官と3人の幕僚を乗せた1番機、宇垣参謀長と4人の幕僚を乗せた2番機がラバウルを発進したのが昭和18年（1943）4月18日午前6時。飛行機は1式陸攻で、海軍の爆撃機である。護衛につくのはわずか6機の零戦である。もっと多くの戦闘機をと進言・嘆願する部下の

山本長官の国葬。沿道では100万人以上の人が見送った。

言葉を山本はなぜかことごとくしりぞけた。

ガダルカナル島ヘンダーソン基地を17機のP38が飛び立ったのが午前5時25分。山本機発進より35分早かった。

山本の最初の視察地は、ブーゲンビル島南端にあるブイン沖合の小島バラレ。解読された暗号電報ではバラレには8時着となっていた。しかし、ミッチェル攻撃隊は、少し早めの7時45分にはバラレ着と推定、したがって撃墜地点はブイン上空とし、7時35分を予定した。

計算はピッタリ合っていた。ミッチェル隊は予定地点まで2～3マイルというところで山本機を発見した。山本機はすでに着陸態勢に入っていた。アタック・フライトの4機が猛然と2機の1式陸攻を攻撃した。弾さえ当たればパッと火がつくので「1式ライター」とあだ名されていただけあって、山本機はたちまち黒煙を吐いてジャングルに消えていった。続いて2番機がエンジンから火を吹きながら海中へ墜落した。ハルゼーはミッチャーへ「おめでとう、撃墜したアヒルどもの中には、一羽の孔雀がいたようだね」と祝電を送ったという。

この狙撃事件は「海軍甲事件」と呼ばれる。山本長官の遺体はブーゲンビル島のジャングルで、機体から放り出された椅子に座った状態で発見された。そして事件から1カ月後、大本営は山本長官の戦死を発表し、6月5日に日比谷公園で国葬をもって葬られた。参列者は1500人、沿道で棺を見送った人の数は100万人にも上ったという。

監修／保阪正康（ほさか・まさやす）

ノンフィクション作家。1939年北海道生まれ。同志社大学卒業後、出版社勤務を経て著作活動へ。『東條英機と天皇の時代』『昭和陸軍の研究』『瀬島龍三—参謀の昭和史』など昭和史を中心とした著書多数。「昭和史を語り継ぐ会」を主宰し、『昭和史講座』を独力で刊行し続けている。一連の昭和史研究で第五十二回菊池寛賞受賞。

編者／近現代史編纂会（文殊社）
写真／近現代フォトライブラリー他

写真で見る太平洋戦争Ⅰ

真珠湾からガダルカナルへ

二〇一五年八月一日　第一版第一刷印刷
二〇一五年八月一〇日　第一版第一刷発行

監修　保阪正康
編者　近現代史編纂会
発行者　野澤伸平
発行所　株式会社 山川出版社
東京都千代田区内神田一−一三−一三
〒一〇一−〇〇四七
振替　〇〇一二〇−九−四三九九三
電話　〇三（三二九三）八一三一［営業］
〇三（三二九三）一八〇二［編集］

企画・編集　山川図書出版株式会社
印刷　半七写真印刷工業株式会社
製本　株式会社ブロケード
装幀　マルプデザイン（清水良洋）
本文デザイン　マルプデザイン（佐野佳子）

ISBN 978-4-634-15083-6